数据资产

叶雅珍 朱扬勇 著

Data Assets

人民邮电出版社
北京

图书在版编目（CIP）数据

数据资产 / 叶雅珍，朱扬勇著. -- 北京 : 人民邮电出版社，2021.10（2023.6重印）
ISBN 978-7-115-57140-3

Ⅰ. ①数… Ⅱ. ①叶… ②朱… Ⅲ. ①数据处理－信息产业－研究－中国 Ⅳ. ①F492

中国版本图书馆CIP数据核字(2021)第164744号

内容提要

数据是数字经济的关键要素已经形成共识，数据资产化是数据要素市场建设的前提。数据不同于通常意义上的有形实物资产和无形知识产权资产，数据资产是一类新的资产类别。有用的数据积累到一定的规模后就会形成数据资源，数据资源在满足数据权属明确、成本或价值能够被可靠地计量、数据可读取等基本条件后就可以成为数据资产。本书分析讨论了数据的资产性，基于数据的属性对数据资产进行了明确的定义，将信息资产、数字资产和数据资产统一为数据资产。在此基础上，本书系统地介绍了数据的资产可满足性、数据资产化框架、数据资产的估值和定价、数据产品的形态和流通模式、数据要素市场等。

本书的读者对象主要是数据资产研究和实践者，包括来自政府机关、证券投资行业、资产管理行业、企事业单位等与数据资产相关的人员。本书也可以作为财会、经济、数据科学、大数据技术等专业的教学参考书。

◆ 著　　　叶雅珍　朱扬勇
责任编辑　唐名威
责任印制　陈　犇

◆ 人民邮电出版社出版发行　　北京市丰台区成寿寺路 11 号
邮编　100164　　电子邮件　315@ptpress.com.cn
网址　https://www.ptpress.com.cn
北京七彩京通数码快印有限公司印刷

◆ 开本：800×1000　1/16
印张：13.5　　2021 年 10 月第 1 版
字数：250 千字　　2023 年 6 月北京第 7 次印刷

定价：129.80 元

读者服务热线：(010)81055493　印装质量热线：(010)81055316
反盗版热线：(010)81055315

前　言

随着国家大数据战略的实施，数据是数字经济的关键要素已经形成共识。2020 年 4 月，中共中央、国务院发布《关于构建更加完善的要素市场化配置体制机制的意见》，将数据与土地、劳动力、资本、技术等传统要素并列，并将其作为第五大生产要素，指出要加快数据要素市场的培育。这是数字经济的重大创新举措，必将推动数字经济持续健康快速发展。

"数据资产"一词在 1974 年就已出现，但是直到现在数据资产仍然停留在概念上，其进入会计报表还存在很多问题。数据不同于通常意义上的有形实物资产和无形知识产权资产，数据资产化面临诸多技术挑战，例如数据资产的形态、计量和计价，数据资产流通的技术支撑，甚至连数据资产的定义都需要一个技术化的表述等。

当前紧迫的工作应该是数据资产化和数据要素市场建设。有用的数据积累到一定的规模就可形成数据资源。数据资源在满足数据权属明确、成本或价值能够被可靠地计量、数据可读取等基本条件后就可以成为数据资产。这可以作为数据资产化工作的依据。数据要素市场建设需要法律、财会、经济、技术等多方面共同努力，包括制定数据权属法律、研究数据产品形态、制定数据估值和定价规则、设计数据资产的运营模式、探索数据要素市场的支撑技术等。

本书首先从技术入手划定数据的边界，界定数据是指电子数据，即网络空间的唯一存在。数据通常可以分成电子数据和非电子数据两大类。非电子数据主要是指纸质媒介中的数据，如传统图书馆中的数据；电子数据是指计算机系统中存储的数据。由于电子数据和非电子数据不论在规模上还是在流通方式上都存在本质区别，而且"大数据”的含义只是指电子数据，因此，在研究、讨论数据资产时，将数据限定在电子数据的范畴，而不考虑非电子数据。针对电子数据，本书梳理了与数据资产相关的 12 个概念，基于数据的属性对数据资产进行了重新定义，将信息资产、数字资产和数据资产统一为数据资产。在此基础上，探索了数据的资产可满足性、数据资产化框架、数据资产的估值和定价、数据产品的形态和流通模式、数据要素市场等。

本书主要介绍了我们关于数据资产方面的研究成果，内容分 10 章，具体如下。

第 1 章绪论，界定了数据的概念和边界，介绍了数据的属性以及其和物质的差异，介绍了与数据资产有关的基本概念，包括数据资源、数据资产、数据要素、数据产业等。本章可以被看作本书的导引。

第 2 章数据资产的相关概念，介绍了 12 个相关概念：信息资产、信息资源、信息资本和信息经济；数字资产、数字资源、数字资本和数字经济；数据资产、数据资源、数据资本和数据经济等。本章还介绍了这些概念的发展和区别，为后续的数据资产研究分析理清了背景轮廓。

第 3 章数据资产是新的资产类别，分析讨论了数据的资产性，对数据资产进行了明确的定义；介绍了数据资产的物理属性、存在属性和信息属性；讨论分析了数据资产兼有无形资产和有形资产、流动资产和长期资产的特征，是一类新的资产类别。

第 4 章数据的资产满足性，介绍了一个数据集成为数据资产需要满足的 4 个必要条件（拥有数据集的数据权属、数据集有价值、数据集的成本或价值能够被可靠地计量、数据集是可读取的）和 3 个附加条件（数据集要具有良好的数据质量、合理的货币计价或评估方法、数据资产折旧和增值规则）。数据的资产满足性是形成合理完整的数据资产化体系的基础。

第 5 章数据资产化框架，介绍了数据资产化的基本框架，包括数据资源确权、数据价值确认与质量管控、数据装盒入库、货币计价与评估、数据资产折旧和增值的管理 5 个环节。本章可被看作数据资产化工作的指南。

第 6 章数据资产估值，介绍了数据资产估值的几个主要方面，包括数据真实性评价、数据使用性评价、数据质量评估、数据价值确认等。

第 7 章数据资产管理，介绍了数据资产管理的几个方面，主要包括数据资产目录、数据资产入库、数据资产折旧和数据资产增值等。

第 8 章数据资产定价，介绍了数据资产的定价因素、定价策略和方法，主要包括定价因素、定价策略、市场定价，并介绍了一个数据资产量化定价框架。

第 9 章数据资产运营，介绍了数据产品流通存在的问题、典型行业的数据产品运营、数据产品运营模式设计等，还介绍了一种新的数据资产运营管理技术——数据自治技术。

第 10 章数据要素市场，介绍了形成数据要素市场的 4 种主要方式和渠道：数据开放、数据共享、数据交易和数据出版。

发展数据要素市场是未来数字经济健康、快速、持续发展的基础，而数据资产化则是数据成为生产要素的前提。数据要素市场建设及数据资产研究需要法律、财政、经济、会计、技术等方方面面共同探索和实践。本书的工作仅仅在数据资产研究方面迈出了一小步，后续工作依旧艰巨。

欢迎读者批评指正，不胜感激。

作 者

2021 年 5 月于上海

目 录

第1章
绪论

数据是数字经济的关键要素，已成为国家重要的战略性资源，正逐步成为一种极其重要的新类型资产，驱动经济社会发展。本章从技术角度界定了数据的内涵，并在此基础上介绍了数据资源、数据资产、数据要素等基本概念。

1.1 界定数据

数据通常可以被分为电子数据和非电子数据两大类。电子数据是指计算机中存储的数据；非电子数据主要是纸质媒介中的数据，例如传统图书馆中的数据。由于以纸质形式和电子形式存储的数据无论在规模上还是在流通方式上都存在本质区别，加之“大数据”的含义只是指电子数据，因此，本书在研究、讨论数据资产时，将数据资源界定在电子数据的范畴，而不考虑非电子数据。

1.1.1 数据的含义

“数据”一词最早出现在拉丁语中，含义是“给予的事物”，后来其随着数学和神学进入英语[1]。随着经济社会的发展和技术的进步，出现了很多关于数据的不同认识和定义。

- 联合国欧洲经济委员会（the United Nations Economic Commission for Europe，UNECE）将数据定义为信息的实体表现形式，这一表现形式适用于人工或自动化手段交流、转译或处理[2]。
- 美国国际空间数据系统咨询委员会（Consultative Committee for Space Data

Systems，CCSDS）给出的数据定义是以适合于交流、解释或加工的形式化方式进行的可重新解释的信息表示形式。比特序列、数值表、页面中的字符、讲话录音、月球岩石标本等都是数据[3]。

- 国际数据管理协会（DAMA International）认为数据是以文本、数字、图形、图像、声音和视频等格式对事实进行表现的形式，是信息的原始材料[4]。
- 曾任国际科学理事会（International Science Council，ISC）信息和数据战略协调委员会（Strategic Coordinating Committee on Information and Data，SCCID）成员的彼得·福克斯（Peter Fox）和瑞·海瑞斯（Ray Harris）认为数据至少包括数字观测、科学监控、传感器数据、元数据、模型输出和场景、定性或观察的行为数据、可视化数据、出于行政或商业目的而收集的统计数据；数据通常被视为研究过程的输入[5]。
- 2019 年美国《开放的、公开的、电子化的及必要的政府数据法案》（The Open, Public, Electronic, and Necessary Government Data Act，简称《开放政府数据法案（The OPEN Government Data Act）》）将数据定义为以任何形式或介质记录下来的信息；开放政府数据时特别指明数据需要满足机器可读的条件。

传统意义上的数据是指数值，例如温度为 26.6℃、长度为 100 m 等，但 IT 领域将数据概念扩大了，数据还包括“Asset”“数据资产”“2020/07/31”等符号、字符、日期形式的数据，以及文本、声音、图形、图像和视频等类型的数据，而且政府文件、出行记录、住宿记录、软件聊天记录、网上购物记录、银行消费记录等也都是数据。

数据存储形式主要有纸质（现实世界实物型）和电子媒介（网络空间（Cyber Space）数字型）两种。一方面，这两种形式无论在规模还是在流通方式上都存在本质区别，例如 1 PB 的电子数据相当于 30 个中国国家图书馆 2017 年的藏书规模，而 1 PB 规模是大数据领域的一个基础度量。网络空间里面的数据和网络空间外面的数据是有很大差异的，网络空间里面的数据是通过计算机处理的，而网络空间外面的数据是人通过手工或脑力直接处理的。显然，我们很难靠人力去读完 30 个中国国家图书馆里面的图书，并进行知识整理，但 1 PB 的数据是大数据技术经常要处理的。另一方面，30 个中国国家图书馆的图书资产和 1 PB 数据的资产无论在度量方面还是计价方面也都是完全不同的。

因此，本书将数据界定如下。

数据：是指网络空间里的所有东西，是网络空间的唯一存在，即电子数据。

网络空间：是指计算机网络、广电网络、通信网络、物联网、卫星网等所有人造网络和设备构成的空间，这个空间真实存在。电脑、手机、移动硬盘等都是网络空间的组成部分。现在，空调、冰箱、自动窗帘、电子门锁等也已经成为网络空间的组成部分。

如果把网络空间比喻成碗，那么网络空间这个碗里装的是"数据"。网络空间里的任何东西都是数据。

1.1.2 数据的属性

网络空间的数据具备一些特有的属性[6]。

- 物理属性：是指数据在存储介质中以二进制串的形式存在。数据的物理存在占据了存储介质的物理空间，是数据真实存在的表现，并且是可度量、可处理的。数据的物理存在使数据可以直接被用于制作数据副本、进行数据传输，也可以通过特殊的方法直接从物理存在勘探数据、破解数据。
- 存在属性：是指数据以人类可感知（通常为可见、可听）的形式存在。在网络空间中，物理存在的数据可以通过 I/O 设备以某种形式（如显示、声音）展现出来，被人所感知、所认识。人们通过 I/O 设备感知到的数据才能被认为是存在的数据，否则只能猜测其存在或不存在。
- 信息属性：一个数据是否有含义，含义是什么，这是数据的信息属性。通常，数据通过解释之后就会具有含义（即解释清楚数据表示什么），数据的含义就是信息；也有一些数据是没有含义的，例如，一个随意输入的字符串"20xsaff 产 7s9f9dsf7w2"就没有含义，但它是数据。

- 时间属性：时间是自然界中的一个基本要素，其使自然界万物朝着一个不可逆的方向发展前进，让人类能够区分过去和未来。数据界没有时间的概念，数据的存在没有过去和未来。将一个数据项 item 在 t_1、t_2、t_3 3 个时刻分别赋予值 100、200、100，则 t_1 和 t_3 时刻 item 的值是相同的，于是可以说在 t_3 时刻，item 回到 t_1 时刻的样子。这是数据界与自然界的最大区别。在自然界，任何事物在任何两个时刻都是不同的。如果数据要被用来表示自然界一个随时间变化的事物，对应于自然界的时间概念，那么需要给数据加盖时间戳，例如时间戳“2009 年 9 月 1 日 9 时 17 分 38 秒”。事实上，在数据界，数据没有寿命的概念。虽然数据的载体会老化，但数据不会老化，可以通过更换存放数据的载体来保证数据一直被存储在网络空间中。

图 1-1 中 4 个列分别代表 4 个数据集，它们以(0,1)二进制代码的形式存放在存储设备中，占用物理存储空间，体现了数据的物理属性。这 4 个数据集通过 I/O 设备分别以表格、文字、图等形式被看见，使人们知道在存储空间存在着 4 个数据集，体现了数据的存在属性。通过对这 4 个数据集进行读取和解析来获取信息，但信息的获取受知识体系、技术水平等因素影响，读取和解析出来的信息会不尽相同，这体现了数据的信息属性。

- 第一个数据集（第一列）。可以看到存在属性和信息属性是相同的，信息较容易获取。
- 第二个数据集（第二列）。看到的存在属性是“锄倮佺ぜ屇嘟轲鈊 bú 僾了，卧只樮誐亻门啲暖，讠上蠯醜濝拜，让兲驶发槑～”，其信息属性是“如果全世界都可以不要了，我只要我们的爱，让魔鬼崇拜，让天使发呆～”，这类数据集信息的获取需要具备相应的知识体系。
- 第三个数据集（第三列）。存在属性是一个图，看不出是什么内容，需要通过技术进行处理，经过处理后读取出的信息属性是一头大象，这类数据集信息的获取需要通过技术手段，技术手段越高，获取的信息可能就越多。
- 第四个数据集（第四列）。看到的存在属性是一堆无序的字符，无论通过知识体系还是技术手段都读取不了任何内容，因为它是一堆乱码，不具有任何含义，不代表任何信息。

图 1-1　4 个数据集的属性

1.1.3　数据与物质

数据和物质都是物理存在的，但数据的存在和物质的存在是不同的，主要表现在可标识性、可共享性和生命周期性 3 个方面[6]。

（1）可标识性

自然界的物质都是可标识的，所谓“相同的两个东西”指的是同质化的两个东西，例如，面对两杯水，可以说“一样的两杯水”；而对于数据，一个数据的存在和两个相同数据的存在是一样的，“两个相同的数据”的说法意义不大，“两个相同的数据”表示自然界的一个事物，即一个数据，一般采用“一个数据的两个副本”的说法。对于数据，通常讨论数据的相似性，而不讨论数据的相同性，相似性由相似性函数定义，可以说“两个相似的数据”。

数据的这种特性说明数据是面向值的，即如果有两个数据对象有相同的值，则认为它们是一个对象的两个副本。

（2）可共享性

共享就是指共同分享，在物理世界中主要指某样东西被多个人分。例如“共享午餐”是指共享者一起吃午餐，其实每个共享者吃的东西并不一样，同样的东西是不可能被吃进两个人的肚子里的。

而数据共享的概念有本质上的不同，数据共享是指同样的数据被多个共享者使用，并且每个共享者拥有完全一样的数据量、数据形式和数据内容，即拥有数据的副本。相对于数据生产来说，将一个数据复制随意多个副本是轻而易举的事情，因此，数据是可共享的，并且数据拥有者通常愿意将其拥有的数据拿出来共享。

数据的可共享性意味着数据的边际成本很低，能够创造更多的价值。但是，数据的可共享性也可能带来负面效果，例如，因为数据副本的制作相对于数据生产来说非常容易，所以对数据所有权的保护就非常困难，数据的稀缺性也极易受到挑战。

（3）生命周期性

自然界中的物质会老化，有生命周期；而数据不会老化，没有生命周期。数据从其被生产出来到被删除这个过程看起来像是有生命周期的，但其实不是。根据数据的时间属性，一个数据本身是不会随时间的推移而变老、变旧的，例如，将一张照片数据存放多年以后，只要载体还存在或者不断替换新载体，这个数据对象本身是不会发生变化的，数据不会减少，质量也不会下降。

数据被生产、存储、修改、删除的过程通常是一个应用系统执行的结果，也可能是现实中对应该数据的事物的生命周期发生变化的数据反应，而不是计算机系统中数据的生命周期。这一点对于数据科学研究者而言非常重要。

1.1.4 大数据

关于大数据，不同的人群有不同的理解。当前，大数据人群可以被分为 3 类：有大数据的人群、做大数据的人群和用大数据的人群。很多时候大家在谈论大数据时，实际上是在谈论不同的东西，即有大数据的人谈论数据资源及其规模，做大数据的人谈论大数据带来的技术挑战，用大数据的人则谈论大数据带来的决策变革。

那么，大数据是数据、技术还是应用呢？事实上，数据的价值和挖掘这些价值的时效是大数据的核心内涵。

- 关于价值：首先，如果一个数据集没有价值，就不需要被关注；其次，如果一个数据集的价值密度高，即大部分数据是有价值的，那么直接读取数据集就能获得价值，没有技术难度。因此，真正的大数据是价值密度低的数据集，从数据集中获取价值像大海捞针一样。大数据是高难的技术挑战。
- 关于时效：首先，所有的大数据处理和分析都应该在希望的时间内完成，如果过了希望的时间，就没有意义了，这是一个技术难题；其次，在竞争中，要比竞争对手更快地完成大数据处理和分析。

这样来看，给定一个大数据，如果没有技术能够在希望的时间内挖掘其价值，那么大数据是一个技术挑战，否则就是一个大数据应用。需要注意的是，一个大数据应用可能会转化成大数据的技术挑战。例如，无人驾驶汽车在道路上行驶时，会获取汽车自身的工作数据（行驶速度、油量、引擎工作状态等）、实时路况数据（前车车速、车距、行人等）、道路管理数据（红绿灯、限速等），并及时分析这些数据、及时做出驾驶判断。当汽车速度小于 50 km/h 时，发现 50 m 外车道上有行人后，经过 2 s 的数据分析得出需要刹车的结论是可以接受的；但当车速提高到 100 km/h 时，数据分析的时间就需要小于 1 s。这时，大数据应用变成了大数据技术挑战。

事实上，数据、技术和应用是大数据的 3 个要素，数据隐含价值，技术发现价值，应用实现价值。大数据是为决策问题提供服务的大数据集、大数据技术和大数据应用的总称。其中，大数据集是指一个决策问题用到的所有可能的数据，通常数据量巨大、来源多样、类型多样；大数据技术是指大数据资源获取、存储管理、挖掘分析、可视展现等技术；大数据应用是指用大数据集和大数据技术来支持决策活动，是新的决策方法[7]。

一个大数据能否为一个决策问题提供服务的关键是：能否在决策希望的时间内有效完成所有的任务。但是数据增长的速度远远大于技术进步的速度，因此，出现了大数据问题。大数据问题是指不能用当前技术在决策希望的时间内处理分析数据的数据资源开发利用问题。大数据问题的关键技术挑战在于：找到隐含在低价值密度数据资源中的价值；在决策希望的时间内完成所有的任务[8]。

1.2　数据资源

信息化在带来便利性、提高生产力的同时，还馈赠了一种全新的资源——数据资源。得益于信息化的实施和推进，各行各业都在不断地使用和产生新的数据，逐步形成数据资源。保护、开发、利用好数据资源是提高国家综合国力和国际竞争力的必然选择。

1.2.1　信息化的意外馈赠

20 世纪 90 年代，世界主要国家先后推出并实施“信息高速公路”计划，极大推进了信息化进程。我国相继启动了以金关、金卡和金税为代表的重大信息化应用工程，积极推进我国国民经济信息化。

经过国民经济与社会信息化发展战略的实施，信息技术被人们所熟知，信息技术的应用广泛渗透到了社会、经济和生活的方方面面。难以想象，如果没有网络，跨国公司该如何高效办公；如果没有银行卡，我们如何提着几百万元的现金买卖房屋；如果没有手机，我们如何快速与远方的亲朋取得联络……正如实施信息化时对其所抱的期待那样，信息化给人们的工作、学习、生活带来了极大的便利，促进了人类社会的进步与发展[9]。

信息化给人类带来了出乎意料的礼物，那就是它创造了一个全新的资源——数据资源。信息化是生产数据的过程：一方面，计算机做了很多原先由手工做的事情，而且做得更准确、更便捷、更高效；另一方面，现实的事物通过摄像头、录音笔、传感器等设备被采集到计算机中。这个过程使得计算机中积累了大量的数据，因此我们需要不断地增加新的存储系统、不停地买硬盘和 U 盘、不断地做备份、不断地保证数据安全，这样才能保护好信息化的成果、保存好我们的工作成果、保存好值得纪念和美好的内容等。

随着技术的进步，信息化生产的数据从早期仅由键盘录入的字符数据，逐渐扩展成由多媒体设备、数字化设备（如音频、视频设备等）录入的多类型非结构化数据。而随着各种感知大自然的设备（例如温度/湿度传感器、天文望远镜、对地观测卫星等）被广泛应用，更大量的对宇宙空间和自然界的感知数据被生产出来。数据生产的方式变得多种多样，数据增长速度远远高于计算机技术进步的速度。电子商务（简称电商）、社交网络、自媒体等平台所有用户生产的数据就是人类行为信息化的结果。此外，网络空间自身也在生产数据（例如计算机病毒的传播、数据的大量副本和备份等）[10]。

数据积累到一定规模后形成数据资源[11]。“一定规模”是数据资源的要求，没有达到“一定规模”的数据不能称之为数据资源。在信息化早期，只有少数人、少数实体、少数工作实施了信息化，积累的数据规模不够大，数据并不能形成资源。但当今社会，信息化的广度和深度都达到了相当高的水平，数据就成为资源。以个人数据为例，一个人的身份数据不能被称为数据资源，但是一个城市所有居民的身份数据却是很重要的数据资源[8]。

1.2.2 各领域产生的数据

随着信息化的不断深入，国家、机构、企业积累的数据已经越来越多，逐步形成数据资源。在各行各业的工作开展过程中，数据被不断地生产出来。政务活动生产了大量政府数据资源；科学研究过程生产了科学数据资源；经济社会运行过程生产了农业、金融、交通等数据资源；人们的日常生活生产了个人数据资源等。

（1）政府数据资源

政府数据资源是最重要也是数量占比最大的数据资源，与国计民生关系密切，价值密度高。政府数据资源大多来自履行管理国家事务、开展政府业务及管理各项公共事务的过程中所积累的政府内部和外部的相关数据。政府数据资源主要包括政府政务活动所形成的政务数据资源和由政府资金支持而形成的公共数据资源，如国家致力于建设的自然人数据库、法人数据库、空间地理数据库和宏观经济数据库，国家统计数据、海关数据等国民经济数据资源，民生数据、社会行为数据等公共社会数据资源[12]。

（2）科学数据资源

科学数据资源是最基本、最活跃的科技资源，更是推动经济社会发展的重要基础和工具。科学数据主要包括在自然科学、工程技术科学等领域，通过基础研究、应用研究、试验开发等产生的数据，以及通过观测监测、考察调查、检验检测等方式取得并用于科学研究活动的原始数据及其衍生数据。如世界各国都在利用卫星、望远镜等开展太空探测、地球勘探等，收集宇宙、大气、地球等自然数据，形成自然数据资源；人类基因组计划所产生的生命数据资源；国家建设的国家地球系统科学数据中心、国家气象科学数据中心等平台所形成的科学数据资源等。

（3）农业数据资源

农业数据资源主要指农业或涉农领域产生和使用的数据，主要包括种植业、林业、畜牧业、渔业等农业领域的数据资源，以及农业环境与资料、农业生产、农业市场等相关领域的数据资源。如种植业的类别和品种、生产环境、病虫害和自然灾害、生产灌溉等种植业数据资源；食品加工类型、质量安全监管、服务等农产品加工数据资源；中国农业信息网、中国农业科技信息网等农业信息网站的数据资源；世界农业科技发展动态数据库、农业科技项目数据库、中国国家农作物种质资源数据库等涉农数据库的数据资源等[13]。

（4）金融数据资源

金融数据资源主要是指金融行业及相关领域生产和使用的经济数据资源，主要包括传统金融行业和互联网金融的数据资源，以及与金融行业相关的数据资源等[14]。如实时行情数据、历史金融数据、统计数据、新闻资讯等证券期货数据资源；银行交易系统数据、业务处理采集数据、银行网站数据等银行业数据资源；保单、理赔单、电话营销录音、车险投保者驾驶违章记录数据等保险业数据资源；电子商务行为、各种缴费交易数据等交易数据资源；区域经济数据、商品贸易数据、财政税收数据等相关数据资源。

（5）交通数据资源

交通数据资源主要由交通行业运行和管理直接产生的数据、与城市交通相关的行业和领域导入的数据，以及来自公众互动的交通状况数据构成，主要产生于交通基础设施本身、交通系统的运行以及交通业务管理中的各种应用[15]。如线圈、摄像头等各类交通设施产生的数据；车载GPS产生的车辆位置信息数据；气象、环境、人口、规划、移动通信等交通相关行业导入的数据；公众通过微博、微信、论坛、广播电台等提供的与交通状况相关的文字、图片、音视频等数据。

（6）医疗数据资源

医疗数据资源是医生对患者开展诊疗、治疗，以及开展某种疾病研究或相关医疗事宜所产生和使用的数据，主要包括临床医疗数据资源、非临床医疗数据资源、医疗相关领域数据资源等[16]。如包括患者基本数据、入出转数据、诊断/治疗/处方、临床笔记等内容的电子病历数据资源；由X线检查、CT、B超、胃镜肠镜、血管造影等形成的医学影像数据资源；转录组学数据、蛋白质组学数据、代谢组学数据、癌症基因组学数据、肠道微生物组学数据等生物组学数据资源；文献典籍数据、药学数据、医疗事务数据、医保索赔数据等各类医疗数据资源。

（7）个人数据资源

个人数据资源主要是由人们日常生活中的各种活动和行为产生的数据。随着存储技术的不断更新，人们可以在TB级别的固定硬盘、GB级别的U盘或TB级别的移动硬盘等存储设备中存储大量的文档资料、数码照片、家庭视频以及收集到的其他数据，这些都是个人数据资源。

1.2.3 数据资源开发利用

现如今，各行各业都在不停地使用数据并产生新的数据，社会的运转越来越依赖于数据，人类的行为以数据的形式不断地被记录在网络空间中。数据成为一种全新的资源，其重要程度越来越凸显，在21世纪将超过石油、煤炭、矿产等天然资源，成为最重要的人类资源之一。

对数据资源的开发利用构成了当前的大数据热潮。对数据资源进行开发利用，挖掘其价值，甚至将其转化成数据资产，逐渐成为人类的新需求。从早期的数据仓库和数据挖掘技术的提出，到决策支持系统和商业智能的应用，都是在进行数据资源的开发利用工作。直到大数据的出现，数据资源的开发利用工作从量变发展到了质变：数据开发成为一个新的领域或行业[10]。

数据资源开发利用对一个国家经济发展、社会治理、人民生活都会产生重大影响。对网络空间数据资源的占领、开发和利用必将成为未来国家政治战略竞争之所在。

当前，数据资源的开发利用普遍滞后于网络基础设施和应用系统的建设，人们对数据资源保护不力、开发不足、利用不够，对数据资源的特性和用途不甚了解，缺乏合适的技术对数据资源进行开发利用。

为了提高数据资源的开发利用水平，把握网络空间的战略主动，首先要建设可开发的数据资源和数据储备，并对其做好保护。反倾销诉讼、铁矿石谈判、汇率问题、节能减排、碳关税谈判等重大国际政治、经济事务，无一不依靠数据说话，要将网络空间中的数据开发出来，为国家政治、经济服务。其次，掌握好数据科学技术。数据资源开发利用是未来产业的制高点，掌握数据科学技术就是掌握未来经济，数据产业是战略型新兴产业，发展数据产业可以产生巨大的经济效益和社会效益，使国家从“国民经济与社会信息化战略”转向“国家大数据战略”。

1.3 数据资产

数据满足经济学和会计学意义上的资产的基本条件。数据资产化就是将数据资源转化成数据资产。数据资产正逐步成为一种极其重要的新的资产类别。数据资产化方法需要从法律、制度、财会、技术等多个方面进行研究和实践。

1.3.1 什么是资产?

（1）资产的含义

资产的概念经历了不同时期的演变，形成了借方余额观、经济资源观、未来经济利益观、财产权利观等不同的观点。资产是财务会计的一个基本要素，是会计学的重要概念[17]。许多经济学和会计学的专家以及各类组织对资产开展了研究，并给出定义。

- 美国 John B. Canning 给出资产的定义：资产是指任何货币形态的未来服务或任何可转换为货币的未来服务。
- 美国注册会计师协会（American Institute of Certified Public Accountants，AICPA）的名词委员会在第 1 号《会计名词公报》（ATB No.1）中把资产定义为：按会计规则或会计原则进行结账而被结转为借方余额所代表的某些事物[18]。
- 美国财务会计准则委员会（Financial Accounting Standards Board，FASB）认为资产是某一特定主体由于过去的交易或事项所获得或控制的可预期的未来经济利益[19]。
- 国际会计准则理事会（International Accounting Standards Board，IASB）在其财务会计概念结构《编制和列报财务报表的概念框架》中对资产给出了如下的定义：资产是企业因过去的交易或事项而控制的资源，这种资源可以为企业带来未来的经济利益[20]。
- 英国会计准则委员会（Accounting Standards Board (UK)，ASB）在《财务报告原则公告》中对各种会计要素做出了明确界定，其中资产的定义为：资产是由过去的交易或事项形成的、由特定主体控制的、对未来经济利益的权利或其他使用权[21]。
- 美国经济学家保罗·萨缪尔森等认为资产是实物财产或具有经济价值的非实物性的权利，例如工程、设备、土地、专利、版权，以及货币、债券等金融工具[22]。

在充分研究和总结国际上关于资产的定义和认知的基础上，结合我国实际情况，我国于 2006 年颁布并于 2014 年修订的《企业会计准则——基本准则》中将资产定义为“资产是指企业过去的交易或者事项形成的、由企业拥有或者控制的、预期会给企业带来经济利益的资源”。

（2）资产与资本

资产与资本是两个不同的概念，但二者之间存在密切的关联。不同学者、不同学科、不同领域对二者都有不同的认识和阐述。

- 1776 年，亚当·斯密在《国富论》（The Wealth of Nations）中指出，资本是人们用来获得收入的那部分资产[23]。
- 在西方经济学理论中，资本是指一个经济体为了生产其他的物品而生产出来的耐用品，即生产出来的生产要素；资产是实物财产或具有经济价值的非实物性的权利[22]。
- 在财务和会计的观点中，资本是指所有者权益，代表所有者对所投入的资产持有的主权，包括所有权和收益分配权（剩余索取权）[24]。
- 在政治经济学的观点中，资本作为自行增值的价值，是能带来剩余价值的价值，并指出资本是一种生产关系[25]。

对于一个企业而言，资产和资本二者相互依存、关联密切。企业的形成、运行都需要资本的投入和参与，在获得资本投入后企业拥有了可以支配运营的资源，这个资源就是企业的资产。通常，企业获得的资本以货币资本为主。企业开展生产经营活动，资产可以转化为生产要素被投入企业的生产过程中，也可以被运用到企业的各种经营活动中，还可以用于交换、抵押、担保以及偿还债务等各种事项。企业运用资产及其他资源生产出有价值的商品、提供高品质的服务，从而获得收益，实现增值。随着企业生产、经营活动的开展，资产的类型、构成及价值都会发生改变，并在生产经营过程中不断循环不断变化。资产处于不断的流动过程中，为企业带来经济利益流入。

相对于资产，资本更具稳定性，只有当企业改组、兼并、破产以及终期分配时，企业资本才会出现变化。资本是个抽象的概念，它代表所有者（投资人）对投入企业的资本价值享有的所有权，并对资本增值具有分配权。投资人会将资本投入那些预期效益好、生产率高的企业，那么市场上的资源就流入企业中，这就是市场配置的结果。流入企业的资源是企业的资产，这些经济资源在企业内部被再组合、协调、配置，从而创造新的价值，最终为企业带来经济利益。企业资产的所有权等相关权利不属于企业，而是属于投资人。一般情况下，企业的经营从货币资本开始，以获得更多的货币资本为结束[24]。

1.3.2 数据的资产性

数据积累到一定规模后就形成了数据资源。数据资源的重要程度越来越凸显，已成为国家重要的战略性资源，驱动经济社会发展，提高生产效率，创造更多价值。对数据资源进行开发利用，挖掘其价值，逐渐成为人类的新需求。

在当今数据价值被广泛认同的情形下，数据给会计主体带来经济利益是可以肯定的。在经济业务活动中，会计主体可通过生产、采集、加工、购买等方式拥有并控制数据资源，并且可以通过出让数据、加工数据或提供数据服务来获取利益。

因此，数据资源是能够给会计主体带来经济利益、可以被会计主体拥有或控制的资源，其可以由会计主体过去的交易或者事项形成。数据符合资产的定义，具备资产的基本特性。此外，已有部分数据资源的成本或价值能够被可靠地计量，满足了资产的特征。

由此可见，能够带来利益的数据具备了资产的基本特性，如果一类数据能够被可靠地计量，它就符合了资产的条件，可以作为数据资产；对于暂时还不能被可靠计量的数据，可以暂时将它不当作资产。数据作为经济学和会计学意义上的资产的基本条件是具备的。

1.3.3 数据资产化

数据资产化是发挥数据要素价值、培育数据要素市场的必经之路。数据资产化就是要将数据资源转化成数据资产。

资产是一个经济学和会计学术语，是指由会计主体（政府、企事业单位等）过去的交易或事项形成的、由会计主体拥有或者控制的、预期会给会计主体带来经济利益或产生服务潜力的经济资源。数据资产可以通过交易或事项两种方式形成。

- 通过交易形成数据资产的探索：上海数据交易中心、贵阳大数据交易所等各种数据交易机构正在探索数据资产化的机制和做法。通过交易的方式形成数据资产的好处是市场化的交易价格解决了数据资产化过程中的价值评估问题，挑战是数据出售方需要完成数据资产化，才可能将数据拿到市场上交易。

- 通过事项形成数据资产的探索：绝大多数数据资源拥有方（如商业银行、通信运营商、电商平台）是通过信息化的事项形成数据资源的，这些事项形成的数据资源是否可以变成数据资产呢？事实上，这些机构目前都在探索如何实现数据资产化的问题，例如数据权属问题和计量计价问题。只有这些机构完成数据资产化，才能将数据加工成数据产品并在市场上流通。

数据资产具有以往各类资产没有的资产特性，这使得其在资产化过程中，在数据资产形态、数据权属以及数据资产评估与定价机制等方面面临挑战。在数据资产化过程中，不能简单套用已有的会计体系处理数据资产，也不能将传统的资产标准运用到数据资产领域。因此，需要从法律、制度、财会、技术等多个方面进行研究和实践，最终形成数据资产化的方法。

1.4　数据要素

2020 年 4 月，中共中央、国务院发布《关于构建更加完善的要素市场化配置体制机制的意见》，将数据与土地、劳动力、资本、技术等传统要素并列，并将其作为第五大生产要素，指出要加快数据要素市场培育。数据的生产价值获得充分认识和肯定，数据作为生产资料和基础资源必将推动数字经济的发展。

1.4.1　数据生产与再生产

一般地，数据生产得到的是数据资源或者数据的初级产品，可以直接供最终用户使用，也可以作为原材料（初级产品）进行再生产，形成高级别的数据产品或数据服务[8,26]。

（1）数据生产

数据生产一般是指将现实事务信息化，从而在网络空间形成数据，也包括直接将数据输入网络空间。例如，证券交易行情数据是证券交易所信息化系统生产的数据，统计局的人口数据是人口普查员直接录入的数据，摄像头则直接采集图像数据。

信息化是数据的主要来源。信息化将人们过去手工做的事情转换成由计算机来做，计算机在处理业务时会产生数据；信息化还通过摄像头、录音笔、传感器、医疗仪器、射电望远镜等电子仪器设备将现实的事物采集到网络空间中变成数据。本质上，所有信息化的结果都是在网络空间中形成数据。因此，从信息化的视角来看，数据是信息化的副产品；但从网络空间的视角来看，信息化的本质是生产数据的过程。

除了信息化，人们还直接在网络空间中创造数据，例如，直接在键盘上输入现实中没有的数据或者编写程序代码。

（2）数据再生产

数据再生产是指根据已有的数据运用数据技术生产出新的数据的过程。数据再生产包括数据汇集、数据清洁、数据可视化、数据分析、人工智能等，也包括计算机病毒的传播和变异等。例如，搜索引擎将各个 Web 网页的数据组织起来形成新的数据，这是一个数据再生产过程，然后搜索引擎利用再生产形成的数据向用户提供数据服务；又如，证券信息服务商根据证券交易所的证券行情数据，再生产 K 线图、移动平均线、KDJ 图、布林线（BOLL）图等新的数据；又如，企查查将全国工商登记数据进行了再生产。大部分数据处理、数据分析技术可以用于数据再生产。

从数据的生产者来看，数据可以分为私有数据、公共网络数据、多方生产的数据[10]。

（3）数据存储

生产的数据需要存储在网络空间。一般来讲，数据生产者可以自己妥善存放自己生产的数据，也可以将数据存储在云服务商的云存储设备中。多方生产的数据通常被存储在平台服务商的存储设备中。

1.4.2　数据产业

数据资源的开发变成一个社会需求，并形成战略性新兴产业——数据产业。

数据产业是网络空间数据资源开发利用所形成的产业，其产业链主要包括从网络空间获取数据并进行整合、加工和生产，数据产品传播、流通和交易，相关的法律和其他咨询服务。数据产业包括数据资源建设与流通、数据技术开发与销售、数据产品与服务 3 个主要方面，具备第一产业的资源性、第二产业的加工性和第三产业的服务性，是战略性新兴产业[10]。在产业数字化和数字产业化的大背景下，数据是生产要素，任何经济形式都需要大数据的支持。大数据在创造新产业的同时，也在促进传统产业的转型升级。图 1-2 展示了数据产业的内涵，主要包括数据资源、数据技术和数据应用 3 个方面[10]。一方面，用当前的技术和数据解决社会发展、经济建设、工作生活等各种问题；另一方面，探索研究新的数据技术、完善技术，形成技术产品，把握大数据的核心技术，形成核心竞争力。

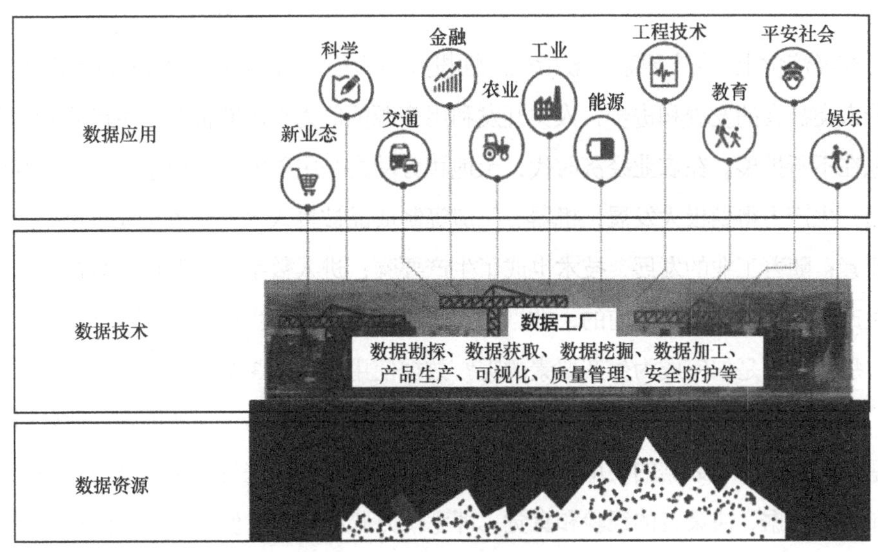

图 1-2　数据产业的内涵

数据产业模式[10]是指“收集数据、分析数据、提供服务”的商业模式。早期的数据服务并不涉及数据分析，例如早期的谷歌搜索服务、SCI 论文引用服务、门户网站等。现在的数据服务增加了“分析数据”的工作，挖掘了数据包含的价值，实现了数据资源的开发利用。通过“分析数据”发现的价值应用广泛，例如，通过分析电子商务数据可以预测经济状况、地区消费水平和消费习惯等。

数据领域里最重要的工作是收集、积累数据资源，使得数据资源在解决实际问题的时候“够用、可用、好用”。由于“数据引力效应”已经形成，“服务换数据”已经成为一种主流商业模式，例如，以互联网为代表的“边服务边收集数据”或者“服务换数据”。“数据引力效应”有利于创造出更多更好的服务，将推动数据产业快速发展，有利于社会发展。“数据引力效应”是指数据领域存在的“数据越多、服务越好，服务越好、数据越多”这样一种数据越来越集中的现象。“数据引力效应”正创造大量新型数据产业模式，移动互联网使得数据服务无处不在、无时不在。极强的正反馈效应，即所谓的“强者更强”，使得产业的产生和毁灭都远远快于工业时代。

1.4.3 数据成为生产要素

在经济学上，生产要素一般指生产性投入，即生产商品和服务所需要的资源[22]。随着人类社会的发展和进步，人类开发利用资源的能力在不断提升，生产要素的范畴也在不断扩展。在农业经济时代，土地和劳动力是主要的生产要素；在工业经济时代，生产力得到极大发展，机器、厂房等制成品被投入生产，资本成了重要的生产要素；随着工业的发展，技术也成了生产要素；进入数字经济时代，数据对全要素生产率的提升作用是空前的，数据成为价值无限的新型生产要素[27]。

那么数据是如何成为生产要素的呢？数据使用经历了 3 个阶段[8]。

第一阶段（手工阶段）：非计算机处理的数据不是本书讨论的内容，此处讨论只是为了感受一下数据的使用。在计算机出现之前，人们进行决策依靠的是手工收集和分析数据、决策者的经验和直觉，即手工方式的决策。例如，早期的军事情报部门就是通过手工获取情报、分析情报；谍报人员通过自身接触到的地方人员或机构窃取军事情报，然后通过交通站将情报传递给情报部门进行情报分析；情报部门再将分析结果提交给参谋部，供其制定作战计划，或直接提交给指挥官进行战场决策。战争时期，情报经常通过地下市场进行交换流通。

第二阶段（自积累阶段）：随着信息化进程的推进，大量数据被生产出来，人们开发了计算机决策支持系统，这时数据拥有者就可以利用自身信息化积累的数据进行决策。然而，数据积累是一个漫长、成本高昂而又困难的工作，只有少数大型企业能够做到，不仅如此，积累的数据也仅仅局限在企业自身产生的数据范围内。在这个阶段，数据主要被数据拥有者自身使用，还没有被作为生产资料投入商业生产中，因此还不是生产要素。但是数据已经是一种资源，企业也认识到了数据的价值，因此逐步考虑将数据作为资产来看待。

第三阶段（大数据阶段）：随着技术进步和互联网的普及应用，不论是政府、组织、企业，还是个人，都越来越有能力获得决策需要的各种数据。这些数据来源多样、类型多样，甚至超过了早期大型企业自身的积累，并且数据分析技术也取得了长足进步，人们可以通过分析这些数据得到决策依据。这样，一种新型的决策方式就产生了，这就是大数据决策。

大数据阶段就是要获取别人的数据，这就需要建立数据要素市场。但是，当前的数据还处于无序流通的状态。数据产品的形态、计量、质量等问题还有待完善，数据资产的会计处理还难以进行，数据产品流通体系刚刚开始尝试。因此，需要通过理论研究和市场实践来解决数据特性、数据资产化、数据商品化、数据流通等一系列法规、经济、财会、技术等问题，通过开发相应的信息技术来支撑数据要素市场的各项活动。

1.5 小结

数字经济是运行在网络空间的，作为数字经济关键要素的数据是指网络空间的数据，即电子数据。基于此，本书将“数据”界定为网络空间里的数据，它具有物理属性、存在属性、信息属性和时间属性。根据资产的定义和特征，数据符合资产的基本条件，具有资产性，可以将其作为资产来对待。数据资产化是发挥数据要素价值、培育数据市场的必经之路。随着数据量的增长，人类的能力不断提高。数据资源、数据要素、数据产业等概念和实践的持续发展充分体现了数据的战略意义和价值。可以预见，建设可用的数据资源，发展数据要素市场，形成数据产业，是未来数字经济健康、快速、持续发展的基础。

参考文献

[1] BORGMAN C L. 大数据、小数据、无数据：网络世界的数据学术[M]. 孟小峰, 张祎, 赵尔平, 译. 北京: 机械工业出版社, 2017.

[2] UNECE. Terminology on statistical metadata[C]//Proceedings of the Conference of European Statisticians Statistical Standards and Studies. Geneva: UNECE, 2000.

[3] CCSDS. Reference model for an open archival information system (OAIS)[M]. USA: CCSDS Secretariat, 2002.

[4] DAMA International. DAMA-DMBOK: data management body of knowledge[M]. Basking Ridge: Technics Publications, 2017.

[5] FOX P, HARRIS R. ICSU and the challenges of data and information management for international science[J]. Data Science Journal, 2013(12): 1-12.

[6] 朱扬勇, 熊贇. 数据学[M]. 上海: 复旦大学出版社, 2009.

[7] 朱扬勇, 熊贇. 大数据是数据、技术，还是应用[J]. 大数据, 2015, 1(1): 70-80.

[8] 朱扬勇. 数据自治[M]. 北京: 人民邮电出版社, 2020.

[9] 朱扬勇. 加快推进数据资源开发[J]. 高技术与产业化, 2017(6): 30-35.

[10] 朱扬勇. 旖旎数据: 100 分钟读懂大数据[M]. 上海: 上海科学技术出版社, 2018.

[11] 朱扬勇, 熊贇. 数据资源保护与开发利用[M]//上海市信息化专家委员会. 专家论城市信息化. 上海: 上海科技文献出版社, 2008: 133-137.

[12] 朱扬勇. 大数据资源[M]. 上海: 上海科学技术出版社, 2018.

[13] 温孚江. 大数据农业[M]. 北京: 中国农业出版社, 2015.

[14] 陈云. 金融大数据[M]. 上海: 上海科学技术出版社, 2015.

[15] 何承, 朱扬勇. 城市交通大数据[M]. 上海: 上海科学技术出版社, 2015.

[16] 于广军, 杨佳泓. 医疗大数据[M]. 上海: 上海科学技术出版社, 2015.

[17] 葛家澍, 林志军. 现代西方会计理论[M]. 厦门: 厦门大学出版社, 2011.

[18] AICPA. Accounting terminology bulletin No.1[R]. New York: AICPA, 1953.

[19] FASB. Statement of financial accounting concepts No.6: elements of financial statements[S]. [S.l.]: FASB, 1985.

[20] IASB. Framework for the preparation and presentation of financial statements[S]. [S.l.]: IASB, 1989.

[21] ASB. An introduction to the statement of principles for financial reporting[M]. [S.l.]: The Accounting Standards Board Limited, 1999.

[22] 保罗・萨缪尔森, 威廉・诺德豪斯. 微观经济学[M]. 萧琛, 译. 北京: 人民邮电出版社, 2012.

[23] 亚当・斯密. 国富论[M]. 高格, 译. 北京: 中国华侨出版社, 2018.

[24] 葛家澍. 资产概念的本质、定义与特征[J]. 经济学动态, 2005(5): 8-12.

[25] 马克思. 资本论[M]. 朱登缩, 译. 海口: 海南出版公司, 2007.

[26] 朱扬勇, 熊贇. 数据的经济活动及其所需要的权利[J]. 大数据, 2020, 6(6): 140-150.

[27] 王芳. 关于数据要素市场化配置的十个问题[J]. 图书与情报, 2020(3): 9-13.

第2章

数据资产的相关概念

资产是经济的核心组成，一种新资产类别的出现是有一定的经济社会发展背景的。数据资产是指把网络空间中的数据资源看作资产，但是，在信息技术和经济社会融合发展的不同时期、不同环境背景下，不同领域人士对“网络空间中的内容”有着不同的认识，并产生了信息资产（Information Assets）、数字资产（Digital Assets）、数据资产（Data Assets）等不同的概念。“资源”“资产”“资本”“经济”等术语紧密关联，因此衍生出一系列概念：信息资源、信息资本和信息经济，数字资源、数字资本和数字经济（Digital Economy），数据资源、数据资本和数据经济等。本章介绍这些概念的发展和区别，为后续数据资产的研究分析理清背景轮廓。

| 2.1 相关概念状况 |

“数据资产”名词在 1974 年就已出现[1]，但是直到现在，数据资产仍然停留在概念上，进入会计报表还存在很多问题，可见数据资产化之难。由于数据不同于通常意义上的有形实物和无形知识产权，数据资产化还面临着诸多技术挑战，例如，数据资产的形态、计量和计价，数据资产流通的技术支撑，甚至连数据资产的定义都需要一个技术化的表述等。事实上，在国家实施大数据战略的背景下，着手解决数据资产化进程中的技术问题是推动数据资产从概念走向实践的关键环节。

从概念上看，关于网络空间的资产有信息资产、数字资产和数据资产 3 个概念。这 3 个概念名词不同，但内涵类似，主要是由于在不同的经济社会发展阶段形成了不同的名词。这 3 个概念从名词出现到概念定义，都经历了较长时间[2]。

- 计算机被创造出来后，使用的技术术语是“信息技术”，信息技术改变了人类生产和生活的方式。1977 年斯图亚特 · 卡巴克（Stuart M. Kaback）在介绍一款索引系统时提到了“信息资产”这个术语，但没有给出具体内涵[3]；1994 年，《霍利报告》（The Hawley Report）首次给出了“信息资产”的定义[4]。

- 数字地球等概念的提出使数字化在当时得到了广泛的关注，1996 年海伦·迈耶（Helen Meyer）在《维护数字资产技巧》（Tips for Safeguarding Your Digital Assets）一文中提到了“数字资产”这个术语，但没有给出具体内涵[5]；2006 年阿尔伯特·范·尼凯克（Albert Van Niekerk）给出了“数字资产”的定义[6]。
- 在大数据时代，人们的关注点是数据，数据被看作一种重要的战略资源，1974 年理查德·彼得松（Richard E. Peterson）提到“数据资产”一词，其是指政府债券、公司债券和实物债券等资产[1]；2009 年托尼·费希尔（Tony Fisher）在《数据资产》（The Data Asset）中指出数据是一种资产[7]。

由于经济社会历史发展环境的不同和对“信息”“数字”“数据”概念认识的不同，形成了不同的名词术语，但 3 个概念名词的内涵差异不大，在具体使用时会出现混用和相互替代的情形。更严重的是，资产和资源、资本、经济等术语紧密关联，于是就有了信息资产、信息资源、信息资本、信息经济、数据资产、数据资源、数据资本、数据经济、数字资产、数字资源、数字资本和数字经济 12 个概念之多。显然，过多的概念不利于一件事情的健康发展，需要对相关概念进行分析整理，形成统一的认识。

2.2　信息技术发展和广泛渗透

20 世纪 40 年代，电子计算机诞生，不同以往的新技术也随之出现，使得人类处理信息的能力获得极大提升。1958 年，哈罗德·莱维特（Harold J. Leavitt）和托马斯·惠斯勒（Thomas L. Whisler）在《哈佛商业评论》（Harvard Business Review）期刊发表的文章中，将这个新技术称为“信息技术”，认为其由信息处理技术、统计和数学方法在决策中的应用、通过计算机程序模拟的高阶思维 3 个部分组成[8]。

20 世纪 60 年代，“信息经济”概念被提出并得以发展，基于资源的信息观是其发展的核心，而信息被视为资源的观点是信息资产的基础[9]。20 世纪 70 年代中期成立的美国联邦文书委员会（U.S. Commission on Federal Paperwork）把信息作为一种经济商品来看待[10]，该委员会的信息管理研究主任福雷斯特·伍迪·霍顿

（Forest W. Horton）认为：信息资源管理（Information Resource Management，IRM）可以有效并高效地处理信息资源及由此产生的信息资产（知识）[11]。

信息技术的发展及其与各个领域的深度融合，对各领域生产和生活方式产生了深远影响，促使经济社会的形态发生变化。在经济生产活动过程中，信息（即有价值的数据）成为经济主体非常重要的资产。“信息”一词也被人们所熟知并得到广泛运用，人们开始从信息角度对相关概念进行认识和深入的研究。

2.2.1 信息资产术语发展

1977 年，Stuart M. Kaback 在介绍一款索引系统时提到了“信息资产”这个术语，他认为这款索引系统就是一种无价的信息资产[3]。1981 年，著名的信息资源管理专家 Forest W. Horton 在《信息资源管理（IRM）：它从何而来，将何去何从》（Information Resources Management (IRM): Where Did It Come From and Where Is It Going）一文中指出信息资产与其他资产存在重大差异[12]。

20 世纪 90 年代，关于信息资产有两份极具影响力的报告，分别是《霍利报告》[4]和《信息作为一种资产：无形的金矿》（Information as an Asset: The Invisible Goldmine）[13]，它们都把信息视为一种“资产”。1994 年，在英国工业联合会（Confederation of British Industries，CBI）的支持下，毕马威会计师事务所 IMPACT 项目发布了《霍利报告》，报告认为信息是一种重要的资源，同时给出信息资产最早的定义：已经或应该被记录的具有价值或潜在价值的数据。霍利委员会（The Hawley Committee）建议企业应该将所拥有的重要信息都标识出来，并将其作为企业资产来看待。与其他资产（如财产、工厂）一样，信息资产应按价值和重要性进行识别和分类，以便能被更好地管理和利用，从而实现组织商业利益的最大化[4,14]。1995 年，路透社的《信息作为一种资产：无形的金矿》报道了对英国 500 名公司高管进行电话采访的调查情况。调查的主要目的是了解和讨论当时英国企业对信息的态度和看法。调查显示：有近 25%的高管认为，信息是公司最重要的资产；50%的高管认为，公司的品牌和商标不如公司所拥有的信息有价值；超过 40%的高管认为，公司还没有意识到信息的真正价值所在；但约 25%的受访者表示，他们无法将信息资产资本化，因为他们发现这些资产的价值很难确定[9,13,15]。

ISO/IEC 27000:2018(E)中，信息被定义成一种资产，与组织中其他重要的资产一样需要得到适当的保护[16]。在 Gartner IT 术语表中，信息（知识）资产是指与企业业务功能相关的信息，包括从员工、客户或商业伙伴处获取的隐性知识，存储在高度结构化数据库中的数据和信息，以文本形式存储在非结构化数据库中的数据和信息（如电子邮件、工作流程内容和电子表格），存储在数字和纸质文档中的信息，购买的内容以及来自互联网或其他来源的公共内容。

2.2.2　相关术语发展概要

（1）信息资源

1970 年，罗尔科（J. O. Rourke）在《专业图书馆》（Special Libraries）发表的一文中提到了“信息资源”一词[17]。1974 年，Forest W. Horton 在其书中也提到了“信息资源” [18]。20 世纪 70 年代中期，美国联邦政府为了应对激增的文书工作带来的沉重负担成立了美国联邦文书委员会，该委员会引入了信息资源管理的概念[19]。时任委员会信息管理研究主任 Forest W. Horton 认为信息是与人力资源、物质资源、财务资源和自然资源同等重要的资源[10]，指出高效、经济地管理组织中的信息和信息资源是非常必要的[19]。1985 年，美国行政管理和预算局（Office of Management and Budget，OMB）正式发布 A-130 号通告（Circular No.A-130），即《联邦政府信息资源的管理通告》（The Management of Federal Information Resources），该通告详细给出了美国联邦政府信息资源管理的整体政策框架。2004 年，中共中央办公厅、国务院办公厅发布的《关于加强信息资源开发利用工作的若干意见》（中办发〔2004〕34 号）中指出“信息资源作为生产要素、无形资产和社会财富，与能源、材料资源同等重要”。2016 年，鉴于法律的发展变化和技术的进步，美国行政管理和预算局修订了 A-130 号通告，并改名为《管理作为战略资源的联邦信息》（Managing Federal Information as a Strategic Resource），他们认为，信息资源是指信息和相关资源，如人员、设备、资金、信息技术等[20]。

（2）信息资本

“信息资本”的概念在1962年被提出并逐步发展。1962年，美国经济学家George J. Stigler指出信息是一种资本，它是在搜寻成本的基础上产生的[21]。1977年，美国信息经济学家马克·尤里·波拉特（Mac Uri Porat）认为，信息资本是指对一切与信息服务相关的各种信息设备的投资，指出与信息服务相关的设备、环境、信息产品和服务等都可作为构成社会信息活动的一部分，或被作为信息消耗品计入信息投资额中[22]。2004年，Robert S. Kaplan和David P. Norton提出，信息资本是新经济下创造价值的原材料，包括系统、数据库、图书资源和网络，并为组织提供信息和知识，信息资本由技术基础设施和应用两部分组成，只有在战略背景下才有价值[23]。

（3）信息经济

“信息经济”的概念于1959年左右被提出，基于资源的信息观是其发展的核心。1961年，美国经济学家乔治·斯蒂格勒（George J. Stigler）研究了信息的成本和价值，提出了信息搜寻理论[24]。1962年，普林斯顿大学教授弗里兹·马克卢普（Fritz Machlup）给出了知识产业的概念，并给出了马克卢普的信息经济测度范式，测算了信息知识产业在美国国民经济中的比例[25]。1977年，美国信息经济学家波拉特在马克卢普的研究基础上，第一次把产业分为农业、工业、服务业、信息业，并把信息部门分为由向市场提供信息产品和信息服务的企业组成的第一信息部门和由政府和非信息企业的内部提供信息服务的活动组成的第二信息部门，并给出了波拉特范式[22]。1981年经济合作与发展组织（Organization for Economic Cooperation and Development，OECD）采用波拉特范式来测算各成员国信息经济的发展程度。20世纪80年代中期，随着信息技术影响范围的扩大，信息经济得到了越来越多的国家的关注和重视；20世纪90年代，在全球信息化的浪潮中，信息经济有了新的发展。2013年，英国政府发布了《信息经济战略》（Information Economy Strategy），旨在促进英国信息经济发展。2016年，《中国信息经济发展白皮书（2016年）》中将信息经济定义为：以信息和知识的数字化编码为基础，以数字化资源为核心生产要素，以互联网为主要载体，通过信息技术与其他领域紧密融合形成的，以信息产业以及信息通信技术对传统产业进行提升为主要内容的新型经济形态[26]。

2.3 “数字”被广泛认识和使用

20 世纪 80 年代和 90 年代，互联网得到了广泛普及，催生了互联网技术的快速发展，进而推动了互联网产业化的发展。加之各国积极实施信息高速公路计划，极大地推进了信息化进程和相关技术的进步。在美国国家和全球信息基础设施（NII 和 GII）发展的基础和背景下[1]，1998 年时任美国副总统的艾伯特·戈尔（Albert Gore）在美国加州科学中心发表题为《数字地球——认识二十一世纪我们所居住的星球》（The Digital Earth: Understanding Our Planet in the 21st Century）的报告中提出“数字地球”的概念，认为其将是一种关于地球的可以嵌入海量地理数据的、多分辨率和三维的表示，并涉及包括计算机科学、海量存储、宽带网络、云数据等在内的系列关键技术，引起了全球各界的高度关注和支持。

1995 年，美国麻省理工学院教授和媒体实验室创始人尼古拉斯·尼葛洛庞帝（Nicholas Negroponte）撰写的《数字化生存》（Being Digital）[27]出版，被认为以“比特”为存在物的数字化时代已经到来[28]。

在这样的技术和时代背景下，以“比特”方式进入人类社会的“数字”被广泛接受和使用，一个新的视角被开启，很多新的概念应运而生。“数字经济”概念被提出并迅速流行，加快发展数字经济已成为各国共识。在数字经济发展过程中，数字资产被日益关注。2013 英特尔开发者论坛上给出了 30 个新型数字资产，2015 年《福布斯》等媒体将比特币归为数字资产，2018 年 5 月泰国颁布了《数字资产法》。

2.3.1 数字资产术语发展

1996 年，海伦·迈耶（Helen Meyer）在《维护数字资产技巧》（Tips for

1　1993 年 9 月，美国政府发表《国家信息基础设施：行动计划》（The National Information Infrastructure: Agenda for Action），建设“信息高速公路”，实现大量信息共享。1994 年 3 月，时任美国副总统艾伯特·戈尔在国际电信联盟（ITU）主持召开的首届世界电信发展会议上，提出并号召各国积极参与建设全球信息基础设施（GII）的宏伟构想，并得到各国广泛响应。

Safeguarding Your Digital Assets）一文中提到了 “数字资产”这个术语[5]。2004 年，伊丽莎白·雅克尔（Elizabeth Yakel）指出，档案馆、图书馆和博物馆等已不再把数字图像等视为对象，而更多地将其视为数字资产来对待[29]。

2006 年，阿尔伯特·范·尼凯克（Albert Van Niekerk）给出数字资产定义：被格式化为二进制源代码并拥有使用权的文本或媒介等任何事物项[6]。2007 年，迈克尔·穆恩（Michael Moon）指出“可重用性”使数据文件成为资产变成可能[30]。2011 年，劳拉·麦金农（Laura McKinnon）认为在日益数字化的世界，数字资产将被作为一种新的遗产类别加以考虑和继承，在做遗产规划时需要充分了解数字资产的相关性质及变化规律[31]。2013 年，阿尔普·托伊加尔（Alp Toygar）等认为：从本质上说，数字资产拥有二进制形式数据所有权，产生并被存储在计算机、智能手机、数字媒体或云端等设备中[32]。2013 年，软银集团（Softbank）的孙正义在其公司的 SoftBank World 2013 活动上以“向世界挑战”（世界へ挑む）为主题的演讲中指出要么数字化，要么灭亡，他认为云将会成为人类最大的资产。2017 年，罗德·亨德尔斯（Rod Genders）和亚当·斯蒂娜（Adam Steena）认为数字资产包括任何可以以数字形式在线访问和持有的资产[33]。

2018 年 5 月，泰国颁布了《数字资产法》（Royal Decree on the Digital Asset Businesses B.E. 2561），包括《2018 年数字资产企业法》和旨在监管相关税务的《2018 年税收法修订案》两部分，法令将数字资产类型分为加密货币和数字代币（其他相似用途的电子数据单位也将被证券交易委员会授权指定为加密货币或数字令牌）[2]。俄罗斯等国也将“数字资产”立法工作提上日程。

2.3.2 相关术语发展概要

1981 年，IEEE 通信学会（IEEE Communications Society）在《记录》（Record）

2 2018 年 3 月 13 日，泰国内阁原则上批准了《2018 年数字资产企业法》和《2018 年税收法修订案》的草案。随后，在 2018 年 3 月 27 日，内阁批准了两项皇家法令的最终草案，这些法令得到了国家委员会的审查和批准。这两项皇家法令于 2018 年 5 月 13 日在政府公报上公布，并于次日生效。

中就提到“数字资源”一词[34]。2006 年，美国加利福尼亚大学伯克利分校高等教育研究中心（Center for Studies in Higher Education, UC Berkeley）的黛安·哈雷（Diane Harley）等认为数字资源包括使用富媒体和跨文本、图像、声音、地图、视频和许多其他格式的对象[35]。

2000 年，唐·泰普斯科特（Don Tapscott）、戴维·蒂科尔（David Ticoll）和亚历克斯·洛伊（Alex Lowy）在出版的《数字资本：利用商业网络的力量》（Digital Capital: Harnessing the Power of Business Webs）著作中提到“数字资本”一词，认为数字资本是指由新的合作关系“商业网络（b-Webs）”创造的财富。商业网络是指由生产商、服务提供商、供应商、基础设施公司和通过数字渠道连接的客户等组成的合作网络；当智力资本进入数字网络时，整个行业发生改变，以全新的方式创造财富——数字资本[36]。

20 世纪 90 年代，在日本经济衰退的背景下，一位日本的经济学家提出 “数字经济”一词。1995 年，唐·泰普斯科特（Don Tapscott）在《数字经济：网络智能时代的希望与危险》（The Digital Economy: Promise and Peril in the Age of Networking Intelligence）中也提到“数字经济”[37]。1998—2000 年，美国商务部先后出版了《浮现中的数字经济Ⅰ》（The Emerging Digital Economy Ⅰ）、《浮现中的数字经济Ⅱ》（The Emerging Digital Economy Ⅱ）和《数字经济 2000》（Digital Economy 2000）的研究报告[38]。在《浮现中的数字经济Ⅰ》中第一次明确指出，数字革命已成为世纪之交各国战略讨论的核心与焦点，将成为驱动新时代发展的强力引擎[39]。2016 年，在中国杭州举办的 G20 峰会上通过的《二十国集团数字经济发展与合作倡议》给出定义：数字经济是指以数字化的知识和信息为关键生产要素、以现代信息网络为重要载体、以信息通信技术的有效使用为效率提升和经济结构优化的重要推动力的一系列经济活动。2020 年，《中国数字经济发展白皮书（2020 年）》中认为“数字经济是以数字化的知识和信息为关键生产要素，以数字技术为核心驱动力量，以现代信息网络为重要载体，通过数字技术与实体经济深度融合，不断提高经济社会的数字化、网络化、智能化水平，加速重构经济发展与治理模式的新型经济形态[40]。”

2.4 大数据时代的到来和兴起

随着信息化的不断推进，数据被大量地生产和积累，从而形成数据资源。开发利用数据资源逐渐成为新的需求点，大数据技术从信息技术发展出来，独立形成一个新的技术分支，并迅速壮大。

1997 年，美国国家航空航天局（National Aeronautics and Space Administration，NASA）研究员 Michael Cox 和 David Ellsworth 在第八届 IEEE 国际可视化学术会议中首先提出了“大数据”术语，他们认为“数据大到内存、本地磁盘甚至远程磁盘都不能处理，这类数据可视化的问题称为大数据问题”[41]。2008 年 9 月 *Nature* 出版了一期大数据专刊，使得大数据在科学研究领域得到了高度重视。2012 年 3 月美国政府发布了《大数据研究和发展倡议》（Big Data Research and Development Initiative），使大数据引起了很多国家和全社会的重视[42]。2013 年 5 月，第 462 次香山科学会议给出了“大数据”技术型和非技术型两个定义。技术型定义：大数据是来源多样、类型多样、大而复杂、具有潜在价值，但难以在期望的时间内处理和分析的数据集。非技术型定义：大数据是数字化生存时代的新型战略资源，是驱动创新的重要因素，正在改变人类的生产和生活方式[43]。

大数据时代，“数据”成为最热的词条之一，相关概念的关注度不断攀升。数据作为一种重要的战略资源，其价值被不断挖掘和创造，正在成为一种新的资产——数据资产。1997 年，尤谷尔·阿尔甘（Ugur Algan）发表的《勘探生产数据库分析——实用创建技术》（Anatomy of an E&P Data Bank: Practical Construction Techniques）指出，数据资产的数量、质量、完整性以及由此产生的可用性受公司的市场价值和竞争定位直接影响[44]。2009 年，托尼·费希尔（Tony Fisher）出版《数据资产》，指出企业要把数据视为公司资产[7]。作为被高度关注的资源，只有能让机器读取的数据才有可能显示出有价值的信息，成为数据资产。

2.4.1 数据资产术语发展

1974 年，理查德·彼得松提到“数据资产”一词，认为数据资产包括持有的政府债券、公司债券和实物债券等[1]。随着时间的推移，人们对数据资产的认识在不断深入，其内涵和范围也在不断扩展。1997 年，尤谷尔·阿尔甘在《勘探生产数据库分析——实用创建技术》中提到数据资产，认为公司的市场价值和竞争定位直接关系到其数据资产的数量、质量、完整性以及由此产生的可用性，并指出创建 E&P 数据库是利用好数据资产的第一步[44]。

2009 年，托尼·费希尔在《数据资产》中指出数据是一种资产，企业要把数据作为企业资产来对待[7]。2009 年，国际数据管理协会（DAMA International）在《DAMA 数据管理知识体系指南》（The DAMA Guide to the Data Management Body of Knowledge）中指出，在信息时代，数据被认为是一项重要的企业资产，每个企业都需要对其进行有效管理[45]。2011 年，世界经济论坛（World Economic Forum，WEF）发布的《个人数据：一种新资产类别的出现》（Personal Data: The Emergence of a New Asset Class）报告中指出，个人数据正成为一种新的经济“资产类别”[46]。2013 年，《美国陆军信息技术应用指南》（Army Information Technology Implementation Instructions）中将数据资产定义为任何由数据组成的实体以及由应用程序提供的读取数据的服务；数据资产可以是系统或应用程序输出的文件、数据库、文档或网页等，也可以是从数据库返回单个记录的服务和返回特定查询数据的网站；人、系统或应用程序可以创建数据资产[47]。2018 年 4 月，中国信息通信研究院云计算与大数据研究所发布的《数据资产管理实践白皮书（2.0 版）》中将数据资产定义为“由企业拥有或者控制的，能够为企业带来未来经济利益的，以物理或电子的方式记录的数据资源，如文件资料、电子数据等”[48]。2018 年发布的《信息技术服务 治理 第 5 部分：数据治理规范》（GB/T 34960.5—2018）中，数据资产的定义是组织拥有和控制的、能够产生效益的数据资源[49]。2019 年正式生效的美国《开放政府数据法案》中将数据资产释义为可以组合在一起的数据元素或数据集的集合。

2.4.2 相关术语发展概要

1968 年，丹·沃伊奇（Dan Voich）、丹尼尔·雷恩（Daniel A. Wren）等人在《管理原则：资源和系统》（Principles of Management: Resources and Systems）一书中提到“数据资源”一词[50]。1998 年，阿纳尼·列维京（Anany V. Levitin）和托马斯·瑞德曼（Thomas C. Redman）在 *MIT Sloan Management Review* 上发表文章详细论述了数据作为资源的属性[51]。“数据资源”是有含义的数据集结到一定规模后形成的[52-53]。2008 年，朱扬勇和熊贇指出，“数据资源是重要的现代战略资源，其重要程度将越来越显现，在 21 世纪有可能超过石油、煤炭、矿产，成为最重要的人类资源之一”[54]。2012 年，亚马逊公司前首席科学家安德里亚斯·维真德（Andreas Weigend）表示，数据是新石油，但石油需要加以提炼后才能使用，从事海量数据处理的公司就是炼油厂。数据是一种资源已经获得广泛共识[42]。

“数据资本”一词首先出现在统计领域，1967 年挪威中央统计局（Statistics Norway/Central Bureau of Statistics）的一份工作文件中认为数据资本是采集和计算数据的保留存量，在类似于工业生产资本的统计文件系统中起核心作用[55]。2011 年，麻省理工学院数字经济项目主任埃里克·布林约尔松（Erik Brynjolfsson）及其团队对 180 家大型上市公司进行了调研，发现在产出和生产率方面表现较好的企业都更重视“数据驱动决策”（DDD）（这一功能在模型化后可以作为无形资产），对将数据作为资本提供了很好的支持。2016 年 3 月，《麻省理工科技评论》与甲骨文（ORACLE）公司联合撰写了报告《数据资本兴起》（The Rise of Data Capital），指出数据已经成为一种资本，与金融资本和人力资本一样都能够创造新的产品和服务；在经济学中，数据资本是生产商品和服务所必需的记录信息，它与实物资本一样，拥有长期的价值，但有特有属性，即非竞争性、不可替代性、体验性；数据资本的兴起需要一个全新的企业计算体系架构；在重新配置数据管理、集成、分析和应用功能时需要遵循这几个关键原则：数据平等、数据流动性、数据的安全性和数据治理[56]。

2011 年，高德纳（Gatner）咨询公司合伙人戴维·纽曼（David Newman）

在一份综述中提到“数据经济”一词[57]。2014 年，欧盟委员会发布了《跨向欣欣向荣的数据驱动型经济》（Towards a Thriving Data-Driven Economy）的报告。2017 年，国际数据公司（IDC）和 Open Evidence 公司为欧盟委员会提供了一份《欧洲数据市场 SMART 2013/0063 总结报告》（European Data Market SMART 2013/0063 Final Report）。该报告认为，数据经济衡量数据市场对整个经济的总体影响，它涉及数字技术支持的数据生成、收集、存储、处理、分发、交付和开发等；数据经济包括数据市场对经济的直接、间接和引导作用[58]。同年，欧盟委员会发布《构建欧洲数据经济》（Building a European Data Economy）报告，指出数据经济的特征是由各类市场主体（如制造商、研究人员和基础设施供应方等）为确保数据可取可用性而共同合作构成的生态系统，这使得市场主体能够提取价值并创建各种应用，以改善民众的日常生活（如管理交通、优化农业种植、远程医疗等）[59]。2018 年，数据中心供应商 Digital Realty 发布的《2018 数据经济报告》（Data Economy Report 2018）认为：数据经济的定义是使用复杂的软件和其他工具，通过快速存储、检索和分析大量非常翔实的业务和组织数据而创造的金融经济价值。

2.5　相关概念分析

在不同的技术、经济和社会发展背景下，不同领域的人对“网络空间中的内容”认识不同，从而产生了信息资产、数字资产、数据资产等名词不同但内涵差异不大的术语。由于“资源”“资产”“资本”“经济”等术语紧密关联，于是衍生出一系列概念：信息资源、信息资本和信息经济；数字资源、数字资本和数字经济；数据资源、数据资本和数据经济等。这 3 组概念内涵相近、同时并存、各自表述，在实际工作中容易引起混乱，有必要对它们进行梳理和统一。总体来讲，这些概念描述的都是网络空间计算机系统中的数据，只是在信息技术和经济社会融合发展的不同时期、不同发展战略和经济环境背景下，由不同的学者（尤其是经济学家）、政治家和政府从各自对数据的理解和需要中提出的。事实上，上述概念的出现并没有明显的次序关系，总体处于概念并存、含义相近的状态，这会给公众带来不便，对科学研究、产业推进都是不利的。

2.5.1 概念的发展没有次序关系

上述 12 个概念的首次出现没有明显次序关系，也没有递进发展阶段。术语出现的时间见表 2-1。

- 从纵向看，在“信息 XX”“数字 XX”“数据 XX”这 3 类概念中，“数字 XX”出现得相对较晚，但是数据经济（2011 年）出现得最晚。
- 从横向看，“XX 资产”“XX 资源”“XX 资本”“XX 经济”的出现次序没有规律可循。

表 2-1 术语出现的时间

对比项	资产	资源	资本	经济
信息	1997 年	1970 年	1962 年	1959 年
数据	1974 年	1968 年	1967 年	2011 年
数字	1996 年	1981 年	2000 年	1995 年

随着大数据被广泛重视，自 2016 年起，数据资产化的工作明显加快。2016 年以来关于数据资产的重要报告如下。

2016 年，美国行政管理和预算局发布《管理作为战略资源的联邦信息》；中国信息通信研究院发布《中国信息经济发展白皮书（2016 年）》；G20 峰会发布《二十国集团数字经济发展与合作倡议》。

2017 年，IDC 公司和 Open Evidence 公司发布《欧洲数据市场 SMART 2013/0063 总结报告》；欧盟委员会发布《构建欧洲数据经济》。

2018 年，泰国颁布了《数字资产法》，但这部法律重点在数字货币，而不是一般意义上的数据；Digital Realty 发布《2018 数据经济报告》（The Data Economy Report 2018）；中国国家市场监督管理总局和中国国家标准化管理委员会联合发布《信息技术服务 治理 第 5 部分：数据治理规范》（GB/T 34960.5—2018）。

2019 年，美国《开放政府数据法案》正式生效；中国信息通信研究院和大数据技术标准推进委员会联合发布《数据资产管理实践白皮书（4.0 版）》。

2020 年，中国信息通信研究院发布《中国数字经济发展白皮书（2020 年）》。

从上述报告来看，近年来"信息 XX"的提法趋弱，"数据 XX"的提法趋强。这说明，大数据热潮兴起后，"数据 XX"的概念越来越受到重视，但 3 组概念仍然是并存的。

2.5.2　概念的内涵是网络空间的内容

上述 3 组 12 个概念还没有被广泛接受的定义，可能是因为人们对数据的理解还在初级阶段，难以形成科学的定义。这 3 组 12 个概念中相对较好的描述见表 2-2。

表 2-2　数据资产相关概念汇总

对比项	资产	资源	资本	经济
信息	已经或应该被记录的具有价值或潜在价值的数据	信息资源作为生产要素、无形资产和社会财富，与能源、材料资源同等重要	新经济下创造价值的原材料，包括系统、数据库、图书资源和网络，并为组织提供信息和知识	以信息和知识的数字化编码为基础，数字化资源为核心生产要素，以互联网为主要载体，通过信息技术与其他领域紧密融合形成的，以信息产业以及信息通信技术对传统产业进行提升为主要内容的新型经济形态
数据	拥有数据权属（勘探权，使用权、所有权），有价值，可计量，可读取的网络空间中的数据集	有含义的数据集结到一定规模后形成的资源	生产商品和服务所必需的记录信息，拥有长期的价值，但有特有属性，即非竞争性、不可替代性、体验性	使用复杂的软件和其他工具，通过快速存储、检索和分析大量非常翔实的业务和组织数据而创造的金融经济价值
数字	拥有二进制形式的数据所有权，产生并存储在计算机、智能手机、数字媒体或云端等设备中	使用富媒体和跨文本、图像、声音、地图、视频和许多其他格式的对象	由新的合作关系"商业网络"创造的财富	以数字化的知识和信息为关键生产要素、以现代信息网络为重要载体、以信息通信技术的有效使用为效率提升和经济结构优化的重要推动力的一系列经济活动

从表 2-2 可以看出，所有的概念基本围绕网络空间的内容。

第一，物质、能源和信息被认为是人类社会的三大资源，在这一大背景下，信息资产（资源、资本、经济）的概念相对获得了较广泛的认同。但是，信息的概念过于宽泛，既包括了网络空间的内容，又包括了对物理空间的各种描述，例如图书资料等。显然，网络空间的信息内容和现实世界的信息内容在处理和运用技术上差别巨大。因此，在当前大数据背景下，亟须研究探索的是网络空间的信息内容。

第二，“数字”（0、1）是网络空间的内容在存储介质上物理存在的形式，占用存储介质的空间，因此数字资产（资源、资本、经济）的概念颇为流行。但是，网络空间中“0”和“1”组成的集合并不能直接被人们看见，更不能直接被理解，因此数字资产（资源、资本、经济）就不能直接被人们理解和认识，计量计价之类的工作也就无从谈起。

第三，随着大数据的兴起，人们注意到“数据是数字经济的关键要素”。这个描述从字面上看就是“数据”和“数字”的矛盾。这说明名词“数字”在经济和社会层面受到广泛认可，而“数据”则在信息技术领域（尤其是数据库、数据挖掘、机器学习等方向）被广泛使用。“大数据”的出现弱化了“数字”，没有人说“大数字”，从宏观上看，数字经济涉及网络、通信、计算机、软件和数据资源等，其中发挥核心作用的是数据资源。

综上，数据是以“数字”（0、1）形式存储在存储介质中的，数据通常表示信息，但也可能不含有信息，或者含有很少的信息。数据作为一种资源或生产资料大量存在，需要新技术将数据所含有的信息开发出来，因此数据是数字经济的关键要素。

2.6 小结

信息资产的相关概念源于信息技术的发展和广泛渗透，数字资产的相关概念起源于“数字”被广泛认识和使用，数据资产的相关概念源于大数据时代的到来和兴起。3 组概念的形成与技术发展、经济社会进步相关联。这 3 组概念内涵相近、同时并存、各自表述。总体来说，当前“数据 XX”的说法正逐渐形成趋势，如数据跨境、数据保护、数据产业等。数据已成为经济体之间、国家之间要讨论的话题，如欧盟的《通用数据保护条例》（General Data Protection Regulation，GDPR）使用的就是数据。因此，将“数字资产”“信息资产”“数据资产”概念统一为“数据资产”，更有利于数据资产进入会计报表，更有利于数据要素市场、数据商品市场的建立，更有利于发挥数据资源的作用，促进数字经济发展。

参考文献

[1] PETERSON R E. A cross section study of the demand for money: the United States, 1960-62[J]. The Journal of Finance, 1974, 29(1): 73-88.

[2] 朱扬勇，叶雅珍. 从数据的属性看数据资产[J]. 大数据, 2018, 4(6): 65-76.

[3] KABACK S M. A user's experience with the derwent patent files[J]. Journal of Chemical Information and Computer Sciences, 1977, 17(3): 143-148.

[4] KPMG/IMPACT. Information as an asset: the board agenda[R]. London: KPMG/IMPACT Group, 1994.

[5] MEYER H. Tips for safeguarding your digital assets[J]. Computers and Security, 1996, 15(7): 588.

[6] NIEKERK A V. A methodological approach to modern digital asset management: an empirical study[C]//Proceedings of the Allied Academies International Conference, International Academy for Case Studies. [S.l.:s.n.], 2006.

[7] FISHER T. The data asset: how smart companies govern their data for business success[M]. New York: Wiley Publishing, 2009.

[8] LEAVITT H J, WHISLER T L. Management in the 1980's[J]. Harvard Business Review, 1959(36).

[9] STENSON J. Senior UK managers' identification of attributes of information assets[J]. Advances in Library Administration and Organization, 2006(23): 333-414.

[10] HORTON F W. Information resources management: concept and cases[M]. Cleveland Ohio: Association for Systems Management, 1979.

[11] HORTON F W. Information resources management: harnessing information assets for productivity gains in the office, factory and laboratory[M]. Englewood Cliffs: Prentice-Hall, 1985.

[12] HORTON F W. Information resources management (IRM): where did it come from and where is it going[C]//Proceedings of the ACM'81 Conference. New York：ACM Press, 1981:

277-278.

[13] WADDINGTON P. Information as an asset: the invisible goldmine[J]. Business Information Review, 1995, 12(1): 26-36.

[14] HAWLEY R. Information as an asset: the board agenda[J]. Information Management and Technology, 1995, 28(6): 237-239.

[15] OPPENHEIM C. Valuing information assets in British companies[J]. Business Information Review, 1998, 15(4): 209-214.

[16] ISO. Information technology−security techniques−information security management systems−overview and vocabulary: ISO/IEC 27000:2018(E)[S]. 2018.

[17] ROURKE J O. Information resources in Canada[J]. Special Libraries, 1970, 61(2): 59-65.

[18] HORTON F W. How to harness information resources: a systems approach[M]. Cleveland Ohio: Association for Systems Management, 1974.

[19] SAVIC D. Evolution of information resource management[J]. Journal of Librarianship and Information Science, 1992, 24(3): 127-138.

[20] OMB. Managing information as a strategic resource[Z]. 2016.

[21] STIGLER G J. Information in the labor market[J]. Journal of Political Economy, 1962, 70: 49-73.

[22] PORAT M U. The information economy: definition and measurement[R]. Washington: Office of Telecommunications, 1977.

[23] KAPLAN R S, NORTON D P. Strategy maps: converting intangible assets into tangible outcomes[M]. Boston: Harvard Business School Press, 2004.

[24] STIGLER G J. The economics of information[J]. The Journal of Political Economy, 1961, 69(3): 213-225.

[25] MACHLUP F. The production and distribution of knowledge in the United States[M]. Princeton: Princeton University Press, 1962.

[26] 中国信息通信研究院. 中国信息经济发展白皮书(2016年)[R]. 北京：中国信息通信研究院, 2016.

[27] NEGROPONTE N. Being digital[M]. New York: Alfred A. Knopf ,Inc., 1995.

[28] 蔡曙山. 论数字化[J]. 中国社会科学, 2001(4): 33-42.

[29] YAKEL E. Digital assets for the next millennium[J]. OCLC Systems and Services: International Digital Library Perspectives, 2004, 20(3): 102-105.

[30] MOON M. Activity lifecycle of digital assets[J]. Journal of Digital Asset Management, 2007, 3(3): 112-115.

[31] MCKINNON L. Planning for the succession of digital assets[J]. Computer Law and Security

Review, 2011, 27(4): 362-367.

[32] TOYGAR A, TAIPE ROHM JR C E, ZHU J. A new asset type: digital assets[J]. Journal of International Technology and Information Management, 2013, 22(4): 113-119.

[33] GENDERS R, STEENA A. Financial and estate planning in the age of digital assets: a challenge for advisors and administrators[J]. Financial Planning Research Journal, 2017, 3(1): 75-80.

[34] IEEE Communications Society. Record[R]. [S.l.:s.n.], 1981.

[35] HARLEY D, HENKE J, LAWRENCE S, et al. Use and users of digital resources: a focus on undergraduate education in the humanities and social sciences[R]. Berkeley: Center for Studies in Higher Education, 2006.

[36] TAPSCOTT D, TICOLL D, LOWY A. Digital capital: harnessing the power of business webs[M]. Boston: Harvard Business Review Press, 2000.

[37] TAPSCOTT D. The digital economy: promise and peril in the age of networking intelligence[M]. [S.l.]: McGraw-Hill, 1995.

[38] 中国信息通信研究院. 中国数字经济发展白皮书(2017 年)[R]. 北京：中国信息通信研究院, 2017.

[39] MARGHERIO L, HENRY D, COOKE S, et al. The emerging digital economy[R]. Washington: U.S. Department of Commerce, 1998.

[40] 中国信息通信研究院. 中国数字经济发展白皮书(2020 年)[R]. 北京：中国信息通信研究院, 2020.

[41] COX M, ELLSWORTH D. Application-controlled demand paging for out-of-core visualization[C]//Proceedings of the 8th Conference on Visualization. Los Alamitos: IEEE Society Press, 1997: 235-244.

[42] 朱扬勇, 熊贇. 大数据是数据、技术，还是应用[J]. 大数据, 2015, 1(1): 71-81.

[43] 朱扬勇. 数据自治[M]. 北京：人民邮电出版社, 2020.

[44] ALGAN U. Anatomy of an E&P data bank: practical construction techniques[J]. The Leading Edge, 1997, 16(6): 901-902.

[45] DMMA International. The DAMA guide to the data management body of knowledge[M]. [S.l.]: Technics Publications, 2009.

[46] MICHELE. Personal data: the emergence of a new asset class[R]. [S.l.s.n.], 2011.

[47] United States Government US Army. Army information technology implementation instructions[M]. Charleston: CreateSpace Independent Publishing Platform, 2013.

[48] 中国信息通信研究院云计算与大数据研究所. 数据资产管理实践白皮书(2.0版)[R]. 北京：中国信息通信研究院, 2018.

[49] 国家市场监督管理总局, 全国信息技术标准化技术委员会. 信息技术服务 治理 第5部分：数据治理规范: GB/T 34960.5—2018[S]. 北京: 中国标准出版社, 2018.

[50] VOICH D, WREN D A, FROEMKE R L. Principles of management: resources and systems[M]. New York: Ronald Press Company, 1968.

[51] LEVITIN A V, REDMAN T C. Data as a resource: properties, implications and prescriptions[J]. MIT Sloan Management Review, 1998, 40(1): 89-101.

[52] 朱扬勇. 加快推进数据资源开发[J]. 高科技与产业化, 2017(6): 30-35.

[53] 朱扬勇. 大数据资源[M]. 上海: 上海科学技术出版社, 2018.

[54] 朱扬勇, 熊贇. 数据资源保护与开发利用[M]//专家论城市信息化. 上海: 上海科技文献出版社, 2008.

[55] NORDBOTTEN S. Purposes, problems and ideas related to statistical file systems[C]//Proceedings of the 36th Session of the International Statistical Institute. Sydney: International Statistical Institute, 1967: 733-750.

[56] MIT Technology Review Insights, ORACLE. The rise of data capital[R]. [S.l.]: MIT Technology Review, 2016.

[57] NEWMAN D. How to plan, participate and prosper in the data economy[R]. Stamford: Gartner, 2011.

[58] IDC, Open Evidence. European data market SMART 2013/0063 final report[R]. [S.l.]: IDC, 2017.

[59] European Commission. Building a European data economy (SWD2017 2final)[R]. Brussels: European Commission, 2017.

第3章
数据资产是新的资产类别

数据资源是资产已经获得广泛认同，需要理清信息资产、数字资产、数据资产的概念差异，给出数据资产的合理定义。本章分析讨论数据的资产性，基于数据的属性，对数据资产进行明确的定义；介绍数据资产的物理属性、存在属性和信息属性；讨论分析数据资产兼有无形资产和有形资产、流动资产和长期资产的特征，是一类新的资产类别；并提出数据资产后续研究的六大类难题。

3.1 数据资源的资产性

数据资源能够给会计主体带来经济利益，可以被会计主体拥有或控制，可以由会计主体过去的交易或事项形成，符合资产的定义，具备资产的基本特性。事实上，已有部分数据资源的成本或价值能够被可靠地计量（例如电子化的音像制品、电子书等），满足了资产的特征，可以作为资产来对待。

3.1.1 资产的特征和类别

资产是指会计主体（政府、企事业单位等）由过去的经济业务或事项形成的，由会计主体控制的，预期能够带来经济利益或产生服务潜力的经济资源。

资产具有以下 3 个方面的特征：

- 资产预期会给会计主体带来经济利益或产生服务潜力；
- 资产应为会计主体拥有或者控制的资源；
- 资产是由会计主体过去的经济业务或事项形成的。

按照我国的企业会计准则，符合上述资产定义的资源还要同时满足以下条件，才能被确认为资产。

- 与该资源有关的经济利益很可能流入。
- 该资源的成本或者价值能够被可靠地计量。

资产有多种形式的分类。如按资产是否有实物形态划分，可分为有形资产和无形资产；按来源划分，可分为自有资产和租入资产；按流动性划分，可分为流动资产和非流动资产等。这些分类主要是为了更好地为使用者提供满足决策需要的信息，在其进行投资决策、信贷决策或其他经济决策时发挥作用。

在西方财务会计与报告中，为了提供有意义的总括性财务信息，将资产要素进行次级分类，首先将资产分为有形资产和无形资产[1]。

（1）有形资产

有形资产被认为是以具体物质形态存在的资产。有形资产内容繁多，在会计上分为流动资产和非流动（长期）资产。

- 流动资产指一年以内或一个经营周期[1]以内（取二者中时间长的）可变现或使用的资产。流动资产分为货币性流动资产和非货币性流动资产。货币性流动资产包括现金与现金等价物（如银行存款、可转让存款单、汇票等）；应收账款、应收票据等属于未来收入现金的应收项目；货币性有价证券等货币性投资等。非货币性流动资产包括对其他企业的债券或股票的非货币性投资；预付租金、预付保险费、预付利息等预付费用；可供销售、在制品、半成品等存货等。
- 长期资产通常又称固定资产，是指使用寿命超过一年或一个经营周期（取二者中时间长的）的资产。长期资产通常包括企业的厂房、土地和设备等有形资产，即有形固定资产。要特别指出的是，企业获得某品牌产品的生产特许权，可在超过一年或一个经营周期的时间进行使用并享有这项特许权带来的相关收益，这个生产特许权也被认定为企业的长期资产，即使它没有实物形态，其通常被视为“无形资产”。

（2）无形资产

没有实物形态是无形资产的一大特征。此外，无形资产对未来经济效益预期存

1　经营周期一般是指企业把现金转化为产品或服务和再把产品或服务转化为现金所需要的时间，即一个生产经营周期。

在高度不确定性，这是它的另一个重要特征。例如专利权、版权等无形资产可能会参与某些产品的研制开发过程，但能否带来未来经济利益、带来多少未来经济利益很难确定，且较难进行收入的配比。再如商标、商号等无形资产的价值量是不确定且不断变化的，受商品的声誉、企业综合实力等因素影响；商誉等无形资产的存在价值一般是与有形资产相结合的。

无形资产的获取一般有外部购买和内部开发这两种方式。例如专营权或特许权等无形资产可以通过外部购买方式获得，研究与开发费用等无形资产可以是内部自行开发产生的。无形资产要符合资产的定义，若不符合资产的上述 3 个基本特征，就不能体现在财务报表上，而应进行费用化处理。

3.1.2 数据资源具备资产的基本条件

数据积累到一定规模后就形成了数据资源。数据资源是信息化创造的一类新型资源，是一种重要的现代战略资源。数据资源的重要程度越来越凸显，在 21 世纪将超过石油、煤炭、矿产等天然资源，成为最重要的人类资源之一[2]。随着大数据战略的实施和大数据的运用，数据作为数字经济的关键要素得到广泛认可，数据的资源性、资产性得到广泛认可。从经济学和会计学视角来看，数据产品、数据商品、数据要素都需要作为资产计入会计报表才可以作为经济活动的标的。因此，数据资产化是数据产品、数据商品、数据要素得以实现的基础。

那么，从经济学和会计学视角来看，数据是否具备了资产的基本条件呢？

第一，数据能够给会计主体带来利益。在当今数据价值被广泛认同的情形下，数据给会计主体带来经济利益是可以肯定的。需要注意的是，对于数字经济企业而言，通常是通过对数据的加工、分析，然后提供数据服务的商业模式来获得经营收益的。例如，百度通过整理网页数据，提供数据搜索服务获得经营收益；携程通过整理酒店数据，提供酒店数据服务和酒店预订服务来获得经营收益。因此，数据是能给会计主体带来预期经济利益或产生服务潜力的。当然，并不是所有的数据都能够给会计主体带来利益，无用的数据就不会给会计主体带来利益。

第二，数据可以被会计主体拥有或者控制。这总体上是一个法律问题，即数据的权属问题。事实上，在经济业务活动中，会计主体可通过生产、采集、加工、购买等方式拥有并控制数据资源，并且可以通过出让数据、加工数据或提供数据服务来获取利益。因此，数据是可以被会计主体拥有或控制的。关于数据权属问题，一个直观的观点认为“数据非天然，数据应该属于数据的生产者”[3]。但这个观点面临的挑战主要有两个：①当数据由多个主体生产时，如何界定数据的权属；②当生产的数据涉及国家秘密或公民隐私时，如何界定数据的权属。虽然数据权属问题还有待法律来彻底解决，但在现有条件下，有些权属明晰的数据是可以被会计主体拥有或控制的。

第三，数据可以由会计主体过去的交易或事项形成。绝大多数数据资源拥有方（如商业银行、通信运营商、电商平台）是通过信息化的事项形成数据资源的；会计主体可以在一些数据集交易平台（如实时数据交易市场 BDEX、上海数据交易中心、贵阳大数据交易所等）上进行数据交易。因此数据是可以由会计主体过去的交易或事项形成的。通过交易形成数据资产和通过事项形成数据资产，这两种方式各有优劣，通过交易形成数据资产的优点是市场化的交易价格解决了数据资产化过程中的价值评估问题，面临的挑战是数据出售方需要完成数据资产化，才可能将数据拿到市场上交易；而通过事项形成的数据资源要变成数据资产，需要先完成数据资产化，才能将数据加工成数据产品并在市场上流通。

第四，数据成本或价值能够可靠地计量。2003 年乔布斯创造性地重构了音乐的价格机制，苹果 iTunes 音乐商店中的所有音乐，无论作者、无论长短、无论受欢迎程度，统一价格为 99 美分/首，开创了以单首音乐为计量单位、99 美分为计量单价的新型定价模式。这样，音乐作为一种数据资产就得以实现。这说明，数据是现实事务的信息化，非常复杂，难以用一个统一的计量方法对各类数据进行计量，但是还是存在一些类型的数据是可以被可靠计量的。随着技术的发展，能够被可靠计量的数据会越来越多，数据的计量问题也会逐步得到解决。

由此可见，能够带来利益的数据具备了资产的基本特性，如果一类数据能够被可靠地计量，它就符合了资产的条件，可以作为数据资产；对于暂时还不能可靠计量的数据，可以暂时不将其作为资产。

3.2 定义数据资产

信息资产、数字资产、数据资产都在讲“数据”，只是从不同层面来看待数据，因而在使用时常被互相替换，造成混乱。显然，这并不利于事物的健康发展，因此有必要将信息资产、数字资产、数据资产的名词术语统一为数据资产，并重新给出数据资产的定义。

3.2.1 与数据资产相关的定义

（1）信息资产

信息是一种重要的资源，可为经济主体带来和创造价值。信息较早地就被作为一种资产来认识和对待。如何更好地对信息资产加以利用从而实现其商业价值，是人们关注的问题，包括如何认识信息资产，如何识别信息资产，如何对信息资产进行分类，如何管理信息资产等。关于信息资产的定义，已有各类组织、机构及学者开展了相关的研究，并进行了深入的探讨。从《霍利报告》中给出的信息资产定义可以看出，信息资产是一种数据，而且是有价值的数据，包括已被记录的和还没有被记录的数据，即任何有价值的数据；从时间角度来说，这个价值体现是不论在当前还是未来的。Gartner IT 术语表中信息资产也被认为是一种数据或信息（有价值的数据），是可以从不同渠道获取而来的。

因此，在有关信息资产的定义中，比较合适的信息资产定义为：已经或应该被记录的、具有价值或潜在价值的数据[4-5]。

（2）数字资产

数字作为资产，已被广泛关注和认可，其包含的类别在不断扩大，在一些国家已经到了立法层面，有的国家已经出台了相关法律，人们对其认识正在不断深入。在已有数字资产的定义中，阿尔伯特・范・尼凯克认为数字资产被格式化为二进制源代码（即被数字化），并拥有使用权的特性；阿尔普・托伊加尔等指出数字资产具有二进制形式（数字化）和所有权，并提到其产生和存储在电子设备中；罗德・亨德尔斯等认为数字资产以数字形式存在，并具有可持有性。可见，二进制形式（数字化）、使用权或所有权是数字资产比较显著的特性。特别要关注的是，数字资产越来越倾向于数字货币。不论是立法层面还是领域研究都将数字货币作为数字资产的重要内容来看待，其具有进一步发展的趋势。

从上述分析来看，在数字资产的定义中，比较合适的数字资产定义为：数据资产拥有二进制形式和数据所有权，产生并存储在计算机、智能手机、数字媒体或云端等设备中[6]。

（3）数据资产

数据是一种新型的战略资源，这一观点已获得广泛共识。数据资源的价值被不断挖掘和创造，一种新的资产类别正在形成和出现，并被高度关注和研究。在数据资产现有的定义中，《美国陆军信息技术应用指南》中的数据资产定义实际上指的是与单个数据相关的系统或产品，美国《开放政府数据法案》中的定义是从法理出发的特性说明，还不能被看作经济学、会计学意义上的数据资产的定义。中国信息通信研究院的《数据资产管理实践白皮书（2.0 版）》和国家标准《信息技术服务　治理　第 5 部分：数据治理规范》都认为数据资产被经济主体拥有或者控制，并会带来利益或者产生效益。相对而言，《数据资产管理实践白皮书（2.0）版》和《信息技术服务　治理　第 5 部分：数据治理规范》中给出的数据资产定义是目前比较合适的定义。

如上分析，在数据资产的定义中，比较合适的数据资产的定义为：数据资产是由企业拥有或者控制的，能够为企业带来未来经济利益的，以物理或电子方式记录的数据资源，如文件资料、电子数据等[7]。

3.2.2　数据资产定义的统一

根据信息资产、数字资产、数据资产比较有代表性的定义可以得出：

- 信息资产是指任何有价值的数据，不论这个价值体现在当前还是未来；
- 数字资产是指产生和存储在电子设备中的数据，强调了数字形式、使用权或所有权等；

• 数据资产是指能为经济主体带来未来经济利益的数据资源。

由此可见，这 3 类资产的定义本质上都在描述和表达“数据”，即“数据”是 3 类资产定义的共同点。在这 3 类代表性定义中，只有数据资产的定义把非电子形式的数据（如纸质材料）囊括在内，其他两类定义中的“数据”基本上指电子形式的数据，即网络空间中的数据。因此，将这 3 类资产的名词术语统一称为“数据资产”是合适的。

按照这 3 类资产的代表性定义，图 3-1 所示的数据集都是数据资产和数字资产，但第二个数据集不是信息资产。根据第 1 章的介绍，图 3-1 中的第一个数据集是一幅图，第二个数据集是一堆乱码。显然，乱码是没有任何价值的，因此第二个数据集不是资产，但数据资产和数字资产的代表性定义都将第二个数据集认定成数据资产和数字资产，这显然是不对的。由此可见，这 3 类资产的代表性定义还存在一定的问题。

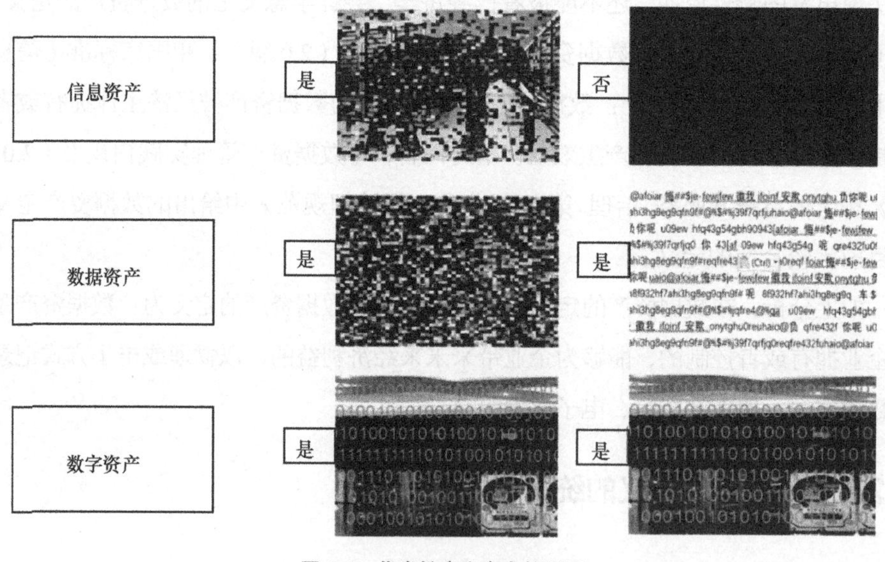

图 3-1　代表性定义存在的问题

信息资产、数字资产、数据资产都在表达“数据”，只是在描述“数据”的不同层面。根据数据的物理属性、存在属性和信息属性，这 3 类资产的代表性定义正对应数据的这 3 个属性：信息资产定义对应数据的信息属性，是无形和有价值的，强调数据的价值性；数据资产定义对应数据的存在属性，强调数据的可见性和可处理性；数字资产定义对应数据的物理属性，是有形的，强调数据以二进制形式存在于存储介质中，如图 3-2 所示。

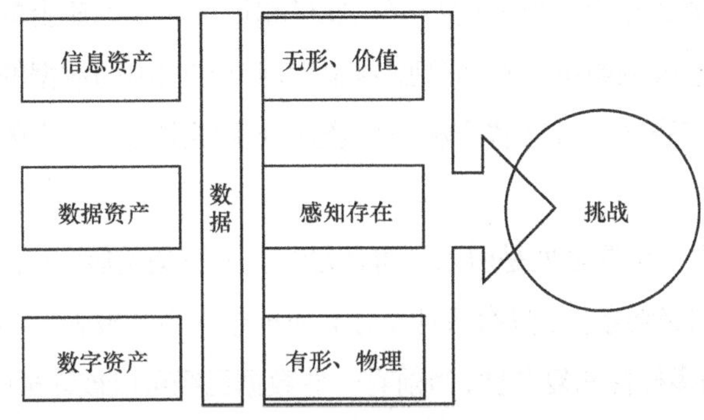

图 3-2　3 类定义对应数据的不同属性

将上述 3 类资产的名词术语统一称为数据资产，那么这个数据资产将具有信息资产的无形性，又具有数字资产的有形性。一个资产既有形又无形，在统一过程中存在一定的难度和挑战。

3.2.3　基于数据属性定义数据资产

信息资产、数字资产、数据资产这 3 类资产定义的内涵差异不大，在具体使用时经常相互替代使用，容易造成混乱。而且，现有 3 类资产的定义还存在一定问题，有待进一步完善。因此，有必要将信息资产、数字资产和数据资产统一为数据资产，并依照数据属性来重新认识。

大数据通常指一个大规模的数据集，其价值获取是需要通过开发实现的。这个“大规模”通常是指 PB 级别，1 PB 规模的数据集相当于 30 个中国国家图书馆 2017 年的藏书规模。鉴于物理（纸质）形式和电子形式的数据在规模、流通方式上存在本质区别和差异，因此需要将“数据”界定在网络空间中，数据是网络空间中的任何事物，是网络空间中的唯一存在，不考虑纸质数据或其他非网络空间的数据。结合数据属性，将数据资产定义如下。

数据资产：是拥有数据权属（勘探权、使用权、所有权）、有价值、可计量、可读取的网络空间中的数据集[8]。

首先，本定义将数据界定为网络空间中的数据。传统图书馆、档案馆的纸质资料数据资产在管理方面已比较完善，并没有当前普遍认为的数据资产所遇到的问题，加之纸质形式和电子形式的数据在规模和计量上有本质上的不同，因此本定义只考虑电子形式的数据。在将数据界定为网络空间中的数据的前提下，该定义与现有关于信息资产、数字资产和数据资产的主要定义是相容的，不存在不一致的问题。

其次，本定义最重要之处是引入“可计量”。无论是无形资产还是有形资产，可计量是资产化的必要条件，只有可计量才有可能进入会计报表，资产化才能实现。当然，由于数据的多样性和复杂性，当前有一些数据已经可以被计量（如数字音乐），还有一些数据目前还没有找到计量方法（如一些科学数据）。在实践中，把能够计量的数据先进行资产化处理是一个可行的做法，而不必等待一个通用的数据计量方法。因此，把可计量纳入数据资产的定义。

再次，关于数据权属，本定义从数据的经济活动和数据分析技术的需要出发，考虑了勘探权、使用权、所有权等。不同于传统的矿山、矿藏等资源，数据是非天然的，情理上数据属于数据的生产者。企业、机构和个人都可以持有数据资源的所有权。

最后，需要特别注意的是，并非所有的数据集都是数据资产。根据定义，下列数据集不是数据资产：

- 没有价值的数据集、垃圾数据集；
- 没有数据权属的数据集；
- 不能可靠计量的数据集；
- 不可读取的数据集。

3.3 数据资产的属性和类别

数据资产具有物理属性、存在属性和信息属性等属性，其物理属性和存在属性表现出有形资产的特征，而其信息属性表现出无形资产的特征，加上数据易复制，使得其流动性极好，同时数据可以长期存在并使用，具备长期资产的特征。因此，数据资产兼有无形资产和有形资产、流动资产和长期资产的特征，是一种新的资产类别。

3.3.1　数据资产的属性

数据资产是由数据组成的，和数据一样，数据资产也具有物理属性、存在属性和信息属性。

（1）数据资产的物理属性

数据资产的物理属性是指数据资产在存储介质中并以二进制形式存在，占有物理空间，是有形的。在大数据背景下，1 PB 的数据集是经常出现的，通常 1 PB 的数据集会占用 3 PB 的存储空间。因此，需要专门准备一个保存数据的仓库（如物理存储设备、机房等），就像存放石油需要一个油库一样，用这个数据仓库来存储数据。

（2）数据资产的存在属性

数据资产的存在属性指可读取性。数据资产只有可被读取，才有可能对其价值进行挖掘和实现，如果不可读就意味着资产不可见，其价值就不能实现。正如将石油装在桶里一样，此时石油是可见的、有形的，若将一桶石油洒在地上，看不见了、没了，它就不是资产了。因此，数据资产的物理属性加上存在属性就形成了数据资产的物理存在，体现了有形资产的特征。

（3）数据资产的信息属性

数据资产的信息属性是其价值所在。因为信息及其价值都难以计量，所以自从信息资产的概念被提出，一般将信息资产纳入无形资产的范畴。事实上，一个数据资产所包含的信息的价值取决于挖掘、使用信息的人，几乎不可能有统一的价值标准，是因人而异的。因此，对于数据资产包含的信息价值，多采用评价估值的方式来估算，从这个角度来讲，数据资产具有无形资产的特征。

3.3.2　数据资产的有形性和无形性

数据资产的物理属性和存在属性表现出有形资产的特征，而其信息属性以及数据勘探权、使用权等则表现出无形资产的特征，即数据资产兼有无形资产和有形资产的特征。

（1）数据资产的有形性

数据资产的物理属性和存在属性表现出有形资产的特征，体现了数据资产的有形性。数据资产需要被保存在计算机存储设备中，并被存放在机房等仓库类的实物形态里。数据资产占用了存储介质的物理空间和仓库类的物理空间，是数据资产物理属性的体现。数据资产是可被读取和感知的，能让人感知到它的存在，即具备存在属性。数据资产的物理属性加上存在属性就形成了数据资产的物理存在，是有形的。

（2）数据资产的无形性

数据资产的信息属性及数据勘探权、使用权等表现出无形资产的特征，体现了数据资产的无形性。数据资产的价值在于其包含的信息，但信息的价值因人而异、因事而异、因时而异，这说明数据资产的价值具有高度不确定性。另外，数据资产是难以计量的，需要通过对数据资产的评估来加以确定。再则，与矿藏资源类似，数据资源的勘探权、使用权、所有权等属于无形资产。因此，数据资产的信息属性以及数据勘探权、使用权等都是无实物形态的，这体现了数据资产的无形性。

3.3.3 数据资产的流动性和长期性

数据极易复制，这使得数据资产的流动性极好，可以在一个会计年度（通常指一年或者一个经营周期）内随意流通和使用，具备流动资产的特征；同时数据的使用不易发生耗损，可以长期存在并使用，因此数据资产具备长期资产的特征。

（1）数据资产的流动性

虽然数据资产可能被存储在大规模存储设备上，有时可能还需要有专门的机房来进行存放和管理，但是数据资产易复制的特点使其具备流动资产的特征，体现了数据资产的流动性。数据极易复制，一份数据可以被复制成多份数据质量毫无差异的副本，而且数据的复制成本远低于生产成本，这使得数据具有极好的流动性。在一个会计年度内数据资产可以随意流通和使用，体现了数据资产的流动性。

（2）数据资产的长期性

数据的时间属性使数据资产具备长期资产的特征，这体现了数据资产的长期性。数据本身是不会老化的，只要不断地更换存储数据的载体，数据就可以一直存在于网络空间中，这是数据时间属性的体现。在使用过程中，数据是不易发生损耗的，因此数据资产是可以长期存在并使用的，体现了数据资产的长期性。

3.4　数据资产的六大类难题

数据资产具有以往各类资产没有的资产特性，这使得其在资产化过程中，在数据资产形态、数据权属、数据资产计量与定价、数据资产评估机制等方面面临挑战。在数据资产化过程中，不能简单套用已有的会计体系来处理数据资产，也不能将传统的资产标准运用到数据资产领域。当前，数据资产仍然停留在概念上，其进入会计报表仍然存在很多问题和困难，如数据资产如何计量计价、数据资产归属于何种会计科目等问题都尚待解决。

数据资产的难题可以分成六大类别。

（1）概念界定类问题

该类问题主要包括数据界定、数据资产定义、数据资产的类型和会计报表科目归属等问题。显然，数据可以记载在纸质媒介或者电子媒介上。问题是以纸质形式和电子形式记录的数据在规模、流通方式上存在本质区别，例如，1 PB 的数据相当于 30 个中国国家图书馆 2017 年的藏书规模，而 1 PB 是大数据的一个基础度量。当前数据资产化问题更多的是关于大数据的问题，因此，有必要将数据界定在网络空间中，不考虑网络空间之外的数据。关于数据资产的定义，由于相关概念有 12 个之多，使用时容易造成混乱，因此统一数据资产的概念是非常有必要的。如何统一数据资产的概念，以什么为基础进行统一也是一个挑战。作者站在技术的视角，从数据的属性出发，将相关的概念都统一到“数据”上，并给出数据资产的定义。该定义统一了信息资产、数字资产和数据资产 3 个概念。但是，数据资产作为一种新的资产类别，其资产形态、计量方式、归属会计科目等还是亟待解决的问题。

（2）法律类问题

该类问题主要包括数据权属规制、数据确权、数据版权、数据权转移等问题。数据权属是数据资产化面临的最关键的问题，由于数据资产是新生事物，现有法律没有对数据的财产性进行明确规定，因此数据的所有权难以确认，这导致数据确权、数据版权、数据权转移等一系列问题都不能得到解决。数据极易复制且其复制成本远低于生产成本，数据流动性极好、极易传播，使得数据使用权对数据所有权的伤害问题普遍存在，合理界定数据权属是亟须解决的问题。只有数据权属问题得以解决，数据资产化才能更加顺利地进行。基于数据易复制的特点，在数据资产化过程中要保护相关数据主体的合法权益，需要对数据的勘探权、使用权、所有权等进行合理界定，以实现数据权属的合理合法转移，从而实现数据变现或数据资产收益的流入。关于数据权属，目前有一大类数据的权属是确定的，这类数据是在政府政务和政府资金支持下产生的数据，这类数据可被称为国有数据，归国家所有。

（3）制度类问题

该类问题主要包括数据的国有性、公共性、私有性问题，政府数据开放共享问题，以及由此带来的数据财政实现问题等。如果将在政府和政府资金支持下生产的数据归为国有，那么这些数据如何变现，如何服务国民公众？这里面就有数据财政的实现问题。这部分数据在进入市场之后，使用主体将会发生改变，那么该如何划定数据财政的边界？政府通过财税手段将数据资产变现可以弥补数据资产的生产管理成本，还能为其他公共事业服务提供资金来源，加强政府数据服务能力，满足公众对数据个性化的基本要求，促进社会发展，从而实现服务国民公众，那么采用何种方式和手段来实现数据财政？数据财政边界划定、实现方式和手段等不仅需要技术平台的支持，更需要系统性制度的支撑，如何开展数据财政的制度设计和建设也是数据财政要面对和解决的问题[9]。

（4）市场经济类问题

该类问题主要包括数据商品定价、数据资产管理、数据市场运行模式、数据市场监管、数据市场税收等问题。数据市场的实践探索已经有一段时间，我国已经成立了 20 多家数据交易机构，但普遍遇到了数据定价难、数据资产管理难、数据防复制难（数据稀缺性难以保障）、市场监管难等问题，而数据市场的税收问题更加复杂。其中，数据商品的定价还需要从技术上对数据商品的形态和计量提出可行的技术方法。在数据资产管理方面，数据集的质量参差不齐加上数据质量标准尚未达成共识，如何开展数据质量管控；数据资产是一类全新的资产类别，如何设计合理的货币计价或评估方法；与传统资产不同，数据资产存在不折旧反增值的可能，如何开展数据资产折旧与增值方面的管理等，这些都是管理数据资产需要面临的挑战，直接影响数据资产的流通和增值。在数据市场税收方面，由于数据市场运行于网络上，数据的交易流通跨越地域，因此会造成地税分配不合理的局面，这也是数字经济税收面临的挑战，并且这个挑战是全球性的。

（5）数据的国际性问题

该类问题主要包括数据跨境流动、数据主权、数据本地化、数据自治等问题。数据和土地、能源一样具有非常高的价值，是一个国家的新型基础性资源，数据资源的开发利用对一个国家的经济发展、社会治理、人民生活都会产生重大而深远的影响，这意味着任何主体对数据的非法干预都可能构成对国家核心利益的侵害。而数据跨境流动面临的问题可能不仅是一个国家的资产流失，更可能是国家秘密的丧失，但数据跨境流动是经济全球化、人类命运共同体建设之必须。而且，各个国家的与数据跨境流动相关的法律和法规的历史根源、立法模式、规制方式以及司法确认等各不相同，每个国家的经济、政治和文化环境不一，导致各个国家采取的应对数据跨境流动的管辖模式不一样，数据保护标准也不统一。因此，有必要探索合理合适的数据跨境流动方案，研究数据主权的实现、数据自治化的方法[10]。

（6）技术类问题

该类问题主要包括数据资产计量、数据产品形态、数据流动跟踪、数据流通系统以及上述 5 类问题的技术支撑等问题。数据资产这么多年来一直无法被计入会计报表，与数据资产的计量计价问题有直接的关系。数据资源要想成为数据资产，可计量是必需的。但是，在开展数据资产化的过程中，数据的计量非常困难，一个主要的原因是大部分数据是由现实事务的信息化产生的[11]，要对由现实空间中的万事万物数字化而来的各类数据进行统一计量肯定存在挑战。另一个主要的原因是数据资产具有信息属性，是其价值所在，但这个价值大小对于不同的人而言大相径庭，取决于使用者，从而也造成了数据资产很难有统一的价值计量标准的局面。特别是，大数据集这类数据资产在形态上尚未达成共识，要对其进行可靠的计量也是一个技术难题。不同于现实物体，也不同于知识产权，数据产品、数据商品、数据要素这些经济活动中的数据目前都还没有一个合适的计量计价方式，因此无法作为数据资产计入会计报表。需要从技术上设计出数据产品的形态，并以此为基础，设计数据资产计量计价模型，然后建立数据市场的技术平台，开展数据交易流通工作。除了这一系列技术问题，上述 5 类问题也都或多或少地涉及技术问题，例如如何保障在不影响跨境商贸业务的情况下实现数据的本地化。

3.5 小结

本章介绍了数据资源的资产性，分析了信息资产、数字资产、数据资产的代表性定义，并将其统一为数据资产。基于数据的属性，重新将数据资产定义为拥有数据权属（勘探权、使用权、所有权等）、有价值、可计量、可读取的网络空间中的数据集。数据资产兼有无形资产和有形资产、流动资产和长期资产的特征，是一种新的资产类别，需要设计新的会计科目对数据资产进行记账。当前，数据资产面临六大类别的难题亟待解决，主要是概念界定类问题、法律类问题、制度类问题、市场经济类问题、数据的国际性问题和技术类问题。

参考文献

[1] 葛家澍，林志军. 现代西方会计理论(第三版)[M]. 厦门：厦门大学出版社, 2011.

[2] 朱扬勇，熊贇. 数据资源保护与开发利用[M]//专家论城市信息化. 上海：上海科技文献出版社, 2008: 133-137.

[3] 朱扬勇. 大数据资源[M]. 上海：上海科学技术出版社, 2018.

[4] KPMG/IMPACT. Information as an asset: the board agenda[R]. 1994.

[5] HAWLEY R. Information as an asset: the board agenda[J]. Information Management and Technology, 1995, 28(6): 237-239.

[6] TOYGAR A, ROHM C E T, ZHU J. A new asset type: digital assets[J]. Journal of International Technology & Information Management, 2013, 22(4): 113-119.

[7] 中国信息通信研究院云计算与大数据研究所. 数据资产管理实践白皮书(2.0 版)[R]. 2018.

[8] 朱扬勇, 叶雅珍. 从数据的属性看数据资产[J]. 大数据, 2018, 4(6): 65-76.

[9] 谢波峰, 朱扬勇. 数据财政框架和实现路径探索[J]. 财政研究, 2020(7): 14-23.

[10] 朱扬勇, 熊贇. 数据跨境监管初探[J]. 大数据, 2021, 7(1): 135-144.

[11] 朱扬勇, 熊贇. 数据学[M]. 上海: 复旦大学出版社, 2009.

第4章 数据的资产满足性

虽然数据的价值和资产性已经获得广泛共识，但并非所有数据都可以作为资产。那么，哪些数据可以作为数据资产？作为数据资产的数据应该具备什么条件？如何将一个数据集转化为数据资产？本章将讨论分析数据的资产满足性。

4.1 数据资产的必要条件及其可满足性

根据数据资产的定义[1]，一个数据集被认定为数据资产，需要满足 4 个必要条件：拥有这一数据集的数据权属；数据集是有价值的；数据集的成本或价值能够被可靠地计量；数据集是可读取的，如图 4-1 所示。

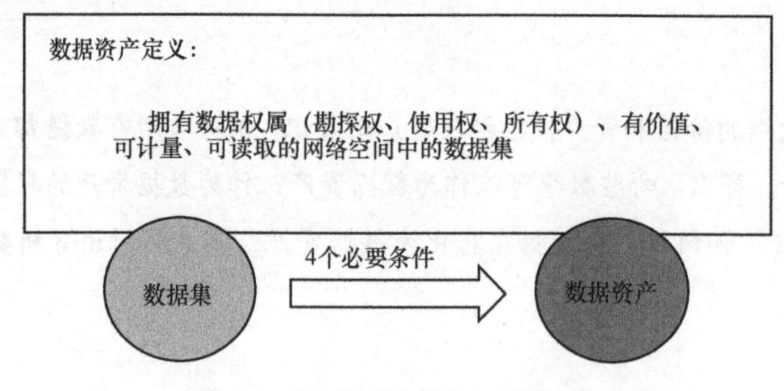

图 4-1 数据集成为资产的必要条件

显然，对于一个主体来说，将一个数据资源转化成数据资产时，数据集是否满足有价值、可被读取这两个必要条件是容易甄别、界定和实现的，数据资产化的难点在于对数据权属和可计量这两个条件的甄别和实现。

4.1.1　数据权属

一个数据集要被作为数据资产，首先要持有一定的数据权属（可以是所有权、使用权、勘探权等），只有拥有了数据资源的数据权属，才有可能让数据成为数据资产。

数据权属主要指数据的所有权、使用权、个人数据权（肖像权）等。数据所有权源于数据的财产属性。然而，数据所有权的确定十分困难。目前，国内外都还没有专门针对数据所有权确权的法律、制度和方法。相对而言，当前只有国家所有的数据的权属比较明确，而非国有企业或机构所有、个人所有的数据的所有权是缺少法律依据的。数据使用权指的是使用指定数据的权利。在所有权确定的情况下，数据所有人可以将数据的使用权授予数据使用人。数据能被低成本复制无限多份，数据的使用不会造成数据的损耗和数据质量下降，因此数据所有人向数据使用人授予数据的使用权是一种十分经济的做法。但也正是数据的这些特点使得数据使用权通常不允许二次转授，即使用人 A 获得数据的使用授权后，不能再将该数据的使用权授权给使用人 B。个人数据权获得了学术界比较多的关注。个人数据包括肖像数据、直接识别数据、间接识别数据。于 2018 年 5 月 25 日生效的欧盟《通用数据保护条例》（General Data Protection Regulation，GDPR）对个人数据权进行了详细的描述。在 GDPR 的第 3 章中规定了数据主体拥有的多项权利，包括数据主体的知情权、访问权、纠正权、被遗忘权（删除权）、限制处理权、反对权、拒绝权、自主决定权、数据携带权等。其中，被遗忘权受到较多关注。被遗忘权，即数据主体有权要求数据控制者永久删除有关数据主体的个人数据，有权被互联网遗忘。

关于数据权属，一个直观的观点认为：数据非天然，情理上属于生产者[2]。但当数据由多个主体生产时，该如何界定数据的权属？当生产的数据涉及公民隐私、公共安全以及国家秘密时，又该如何界定数据的权属？例如，电商平台的购物行为数据是由购物者、电商、第三方支付平台等共同生产的，每个生产主体都应该分享数据的所有权，但目前只有电商平台享有这个数据资产；银行的数据也是由客户、银行等共同生产的，电信的数据是由通信用户和电信运营商等共同生产的，因为银行、电信运营商等大多为国有企业，所以还没有开始运营这些数据资产，各数据生产主体也还没有主张权利的诉求；电子病历的数据是病人、医生及医院等共同生产的，情理上属于各个数据生产主体，医院使用这些数据时，不能像电商平台那样进行使用开发，病历数据通常不涉及数据权益的主张问题，而涉及病人的隐私问题；照片的权益属于拍摄照片的摄影师，但拍到人物时通常会涉及肖像权问题，如果拍到国家机密（如军事设施）则问题更严重。现实中，隐私和秘密是受法律保护的，但又不能说病历数据的生产是违法的。而有一些数据，当数据量达到一定量级后会成为国家秘密。例如，某些机构采集个人身份证数据，单个或者小量没有问题，因此日常中被要求复印身份证大家也能接受。但是，如果全国的个人身份证数据汇聚到一起，就会形成一个重要的数据资产，进而成为国家机密。当前，关于这些数据权属的问题在法律和规制上都还未给出有效的界定和解决办法。

当前，在关于数据资源确权的实践工作中，有些数据资源确权方法是相对可行和值得借鉴的，如已在市场上运行和流通的一些典型行业的数据产品以及科学数据出版等的运行机制和确权方法。市场上运行和流通的典型行业的数据产品多是音乐、图片等类型的数据产品，这些产品大多是从物理形态的产品数字化而来的，权属相对清晰。科学数据出版是另一种数据确权方式。科学数据出版通过一系列保障措施、环节步骤和技术支持，可较好地实现对数据权益的保护[3]，从而实现了对数据生产者和拥有者的信誉及合法权益的保障，提高了数据重用的价值[4-5]。

数据资产的所有权是可以不发生转移的，数据生产者和拥有者只将分销权、转授权、使用权等进行授权。因此，数据资源确权需要设立专门的数据权属登记管理机构，该机构负责对数据资源进行权属认定，并制定数据资产流通标准和机制。只有在数据权属登记管理机构注册登记的数据资源，才能确认其权属，获得数据市场流通通行证，并进入市场流通。登记数据资源是数据拥有者对数据权属的宣称和主张，数据权属登记管理机构需要采取各种措施制度、环节步骤、技术手段等有效保障已登记数据资源的权属。企业内部以及个人生产的数据只有经过登记注册后才具备合法性，才可以确认权属，才可以在数据市场上交易并受法律保护。已登记注册的数据资产的盗版问题属于法律范畴，由相应的法律法规来处理，不在技术上进行要求。数据权属登记管理机构要在符合一定的法律法规、行业标准、数据自身特征以及市场规律的条件下，制定数据资产流通标准和机制。在数据权属登记管理机构登记注册的数据资源会被分配一个唯一版权标识符（类似科学数据出版中的数字对象唯一标识符（Digital Object Identifier，DOI），并获得数据市场流通通行证，用于保护和确认数据权属，从而便于数据资源的流通、交易和监管，利于创造良好、有序的数据市场环境。

4.1.2 数据计量

数据资源作为数据资产，其成本或价值需要能够被可靠地计量。数据的特殊性使得对数据进行统一计量非常困难，特别是对由多种数据组成的大数据集进行可靠计量更具挑战性。

随着时间的推移和技术的进步，网络空间中积累的数据的类别和形式越来越多样，复杂度也越来越高，这些数据包括不同语言的数据、不同行业的数据（如空间数据、海洋数据等），还包括在互联网中/不在互联网中的数据、公开/非公开的数据、企业/政府的数据等。这些数据通过键盘、录音笔、摄影机、手机、天文望远镜、对地观测卫星、电子对撞机、DNA 测序仪等各类电子仪器设备不停地生产和积累。这些数据格式多样，有专用格式也有通用格式，而数据之间也存在各种关联，复杂度高。特别是大数据集通常会涉及多个类型的数据，有多种数据格式，规模比较庞大（一个大数据集通常在 TB～PB 级的规模），复杂度较高。因此，数据资产的形态难以确定，其规模大小由具体的数据组合类型和采用的格式而定，难以有统一的规模，从而造成数据资产的计量困难。

当前，可作为数据资产的单一类型数据产品在计量方面已有一些实践。例如，在市场上能较好地进行交易流通的单一类型数据产品（如音乐、图片、电子书等）都有各自的计量单位，从而得以被准确计量和管理。音乐数据产品是按一个完整的音乐作品来进行计量的，如一首歌、一首曲子等；与音乐数据产品类似，图片以一幅图、电子书产品以一本书等进行计量。单一类型数据产品的计量单位是规范化的结果，也是其能被准确计量的前提，更是其能被管理、流通的依据和基础。

基于单一类型数据产品的实践，大数据集在数据资产化过程中同样也需要有标准的计量单位，使其能被准确计算，从而得以入库管理。因为数据的价值会因人而异，所以很难依据数据的价值对数据资产进行计量，进而在市场上流通。通过研究发现，传统图书与大数据集有很多相似之处，可以将其作为参考。

图书是由多种类型的数据组合在一起的信息载体产品，一般由文字、符号、图像、表格、照片等类型的数据组合而成并统一印制。图书的规模较一张报纸等要大很多，至少需达到 49 页[6]，一般为几百到几千页不等，内容多的还可以分册；在某一特定主题下，内容相近或相关的图书还会以丛书的形式呈现。图书涉及领域广泛、易于复制、传播性和流动性好。图书的价值大小因人而异，取决于阅读图书的人，如《脊柱手术指南》（Manual of Spine Surgery）对于脊柱外科的医生、研究人员和学生来说价值连城，但对于没有相关专业背景的普通人而言犹如天书，很难获得有用信息，可能意义就不是很大，价值也不高。基于此，大多数图书的定价不是按照图书的内容价值来确定的，而更多的是以一本图书的出版成本等因素来确定的。图书以“本/册”为计量单位，出版发行机构根据出版发行规范，以一定页数的副本装订成册，并配有国际标准书号（International Standard Book Number，ISBN）[7]。与图书类似，大数据集也具有达到一定规模、由多种数据类型组成、涉及多个领域、含有内容、价值由使用者决定、易于复制等特点。同样，数据的价值也是因人而异的，很难依据数据的价值对大数据集进行定价。因此，图书的计量的方法可以作为一种参考和借鉴。

参照图书，大数据集可以按照数据权属登记管理机构的有关规定对数据集进行规范化整理，然后按照一定规模对数据集的副本进行装盒，而这个“盒”就是这类数据资产的计量单位。有了计量单位，数据资产就可以被准确计算，相关人员就可以对数据资产进行入库管理，这样数据资产才具备被计入企业资产负债表的可能。

4.1.3 数据价值

作为数据资产，数据资源必然是要有价值的，没有价值的数据集不应该被作为资产来对待。对于一个经济主体而言，一个数据集是否对其有价值相对容易判断，然而对这个数据集的价值大小进行判定就存在一定难度，数据集的价值大小往往与数据质量高低有关。

从技术角度来看，“垃圾”数据集（比如由一堆“乱码”组成的数据集）是没有价值的。而一个有价值的数据集也存在价值密度高低的问题，有些数据集中的大部分数据是有价值的，即这些数据集的价值密度高；有些数据集虽然有价值，但其价值密度很低，要依靠很高的技术手段进行数据集的价值挖掘，要考虑投入产出比。从使用角度来看，数据集的价值因使用目的不同、使用对象不同、使用场景不同而有差异，经济主体需要从自身业务需求出发对数据集进行是否有价值的判定。

数据价值需要运用技术手段并在具体的应用场景中方可得以体现。如同石油之于汽车，石油的一个重要价值就是能从中提炼出汽油，使得使用汽油发动机的汽车得以运行，从而抵达人们的目的地。数据集的价值也需要通过技术进行挖掘获得，从而满足某种应用的需求。

当前，关于数据资源的开发利用工作已多有开展，数据的价值在很多应用领域得以实现，同时更多新的价值被创造出来，使得人类很多方面的能力得到提升，很多新的能力被赋予，很多新的领域被发掘[8]。

数据将全球态势呈现在人们面前，使人们可以开展全球性的研究和部署全球性的战略。全球气流、台风走向、地震火山、航运空运、证券市场、突发事件等都被展现在屏幕上，这让人们感知到全球态势，开展各种研究和分析，进行战略部署，从而更好地掌握全球气候变化、预测全球性灾害、构建全球金融体系、保护自然环境、预防全球性流行病、建设全球性医疗体系等。此外，数据资源的开发利用将大幅提高区域范围内人们的生活品质和工作效率。随着数据的增长，人们将有能力建设智慧社会、智慧城市，借助市政布局、交通、教育、医疗、经济社会、商业娱乐等的数据，智慧社会、智慧城市建设热火朝天，智慧城市（交通、教育、医疗）将得以实现，智慧城市将给人们带来前所未有的便利性，赋予人类超强的能力。

数据带来了创新模式和创新方法，带动了新技术和新产业的发展，形成了革命性的影响。科学研究进入第四范式，即数据密集型科研方法或者数据驱动的科研方法。不论自然科学还是社会科学，先进的研究方法都是在数据的基础上开展的。在大数据时代，所有的科学活动，如积累数据、研究数据、分析数据、观察数据，都必须先于业务研究。分析数据、研究数据成为一项基础性工作，所有的科学活动都离不开数据，开展业务研究前需先对相应的科学数据进行研究。在产业创新方面，简单的数据运用已催生出许多新型产业。例如，打车平台、O2O（Online to Offline）、共享经济等都是数据驱动的产业创新。当前这些只涉及很简单的数据技术的数据运用就已产生了巨大的价值，未来运用复杂的、更先进的数据技术可挖掘创造出数据资源更重要的价值。

4.1.4 数据读取

如果一个网络空间中的数据集想要被作为数据资产，就必须是可以被机器读取的（通常被计算机软件读取使用），不能被机读意味着不能被数据挖掘、分析和处理，意味着数据的价值无法获取，数据也就没有了价值。

对于一个经济主体而言，判断一个数据集能否被读取是相对容易的。经济主体只需通过对数据集的样本数据进行机读操作，就可以判断出在现有条件和能力下能否对该数据集进行读取操作。

经济主体所掌握的读取能力（包括相关的设备、技术、工具、方法等）会影响数据集的读取操作。通常要在一定的计算机软硬件环境下，通过调用特定的数据访问接口（通常为应用程序接口（Application Programming Interface，API））实现对数据集的读取。对于一个读取信息完备的数据集（如有详尽的元数据描述及数据集的数据格式、物理结构和逻辑结构等信息），经济主体可以通过相应的软件工具开展数据集读取工作，用很小的代价获取关于数据集总体特性的内容，判断该数据集的类型、数据集的规模、内容完整性以及是否具备规律性，从而确定采用何种方法对数据集开展数据分析和使用等工作。但是，面对一个数据说明很少甚至没有（比如元数据描述已丢失，或元数据描述本身就很少甚至没有）的数据集，就需要通过技术手段和方法获取该数据集的数据格式、物理结构和逻辑结构等信息，以便于开展数据集的读取操作。

当然，也会存在一些极端情况，如只知道磁盘里有有用的数据，不知道数据集的数据格式、物理结构、逻辑结构，没有数据集的元数据描述等，一般可以认为其是不可读取的数据集，但是如果数据集价值较大，也可以通过计算机技术强行读取数据。此时就需要找到或设计可用于数据访问的软硬件环境，然后读取出二进制数据，研究分析数据的物理属性，最终使数据集成为可访问的数据集。例如，对于某单位几十年前的一卷数据备份磁带，当时读取这个磁带的其他设备和软件（磁带机、操作系统、运行软件等）都已经丢失，就需要通过上述方式读取该磁带内的数据，在条件允许的情况下，可以转换数据格式、更换存储物理介质等。

在数据流通领域，针对一个大数据产品，需要有一个专门的机读阅读器，使得在网络空间中的相关查询、使用、管理等系列操作能够完成。这个大数据产品的机读阅读器实际上是一个软件开发环境，供用户开发或上载数据应用程序，以实现对大数据产品的使用，是用户使用大数据产品的接口。

4.2　数据资产的附加条件及其可满足性

一个数据集在满足了上述 4 个必要条件后，就可以被认作数据资产了。接下来需要探讨的是数据资产的管理，没有管理的数据资产仍然难以体现价值，也难以流通和增值。目前，针对数据资产管理的研究工作已有所开展，但还处于初期探索阶段，未形成体系化，很多工作是先前数据管理工作的扩展或延续，并不完全适合数据资产管理。

关于数据资产管理的内容，良好的数据质量、合理的货币计价或评估方法、数据资产折旧和增值规则等是需要的，这些内容可以作为数据资产的附加条件，完善了数据的资产满足性。这样，一个数据集在满足了数据资产的必要条件和附加条件后，就可以被确认为数据资产。

4.2.1 良好的数据质量

高质量的数据才能产生好的价值。判断数据质量的标准取决于数据使用者的需求和目标，不同情境下不同数据使用者使用的“适合性”不同[9]。

影响数据质量的因素有很多，技术、管理等方面的因素都会对数据质量造成影响，此外还有很多环节也会对数据质量造成影响。例如，在数据生产和处理过程中，数据创建、数据集成、数据分析等都是容易引起数据质量问题的环节。数据创建环节中的数据来源和数据录入是影响数据质量的主要因素，其中，数据来源指通过间接方式获取的数据更可能出现数据错误、数据缺失等质量问题；在数据录入过程中，原始数据错误、理解不到位、录入错误等也会引起数据质量问题。在数据集成环节中，当对两个或多个数据集进行整合时，可能会出现整合的数据集之间存在不一致或冲突的情况，进而导致数据异常，影响数据质量。

到目前为止，已经有很多关于数据质量的研究和实践工作。例如，ISO 8000 数据质量系列标准、ISO 19100 地理信息系列标准等有关数据质量的法规和标准被制定和实施；数据集成、数据剖析、数据清洁、数据溯源等有关数据质量的技术被研究和应用；数据质量评估研究和实践工作被开展等。在数据质量管控方面也开展了很多研究，例如 1998 年麻省理工学院的科研人员提出关于数据质量管理的第一个框架 TDQM；随后在 2002 年，他们又在此框架的基础上提出 AIMQ 评估框架和 DQA 评估框架，这两个框架被一些企业和政府机构使用；2003 年，国际货币基金组织（International Monetary Fund，IMF）提出具有通用性的数据质量评估框架 DQAF，这个框架主要针对统计数据质量的评价和改善，在其各成员国得到广泛应用[2]。

数据质量管控需要人员、流程和技术的完美配合，才能实现数据质量管控的目标。高质量的数据是准确的、一致性的、完整的和及时可用的，是数据资产管控不可或缺的一个因素[2]。随着数据成为资产，数据质量的重要性日益凸显。搭建一支专业化的数据质量管控团队来开展数据资产化过程中的数据质量管控工作，对于推动数据资产化起到积极作用。建立和优化与数据质量相关的方法和流程对于实施数据质量管控十分重要。采用各种技术手段对数据集的质量问题开展识别、度量、监控、预警、改善、修复等工作，从而更好地管控数据质量，并尽可能地提高数据质量。

4.2.2　合理的货币计价与评估

通过合理的货币计价与评估方法可以将数据资产的价值显化。数据资产的货币计价方式有很多，可以根据具体情况和商业需要采用不同的形式。

（1）按离散计数计价

许多数据资产的货币计价应用是离散型的，例如，2003 年，iTunes 音乐商店里的所有音乐，无论作者、无论长短、无论受欢迎程度，统一定价为 99 美分/首；Spotify 实行会员制，目前包月价格为 9.99 美元/月；Apple Music 个人订阅的费用是 9.99 美元/月，全年订阅价为 99 美元/年，家庭订阅价为 14.99 美元/月，学生订阅价为 4.99 美元/月；Google Adsense 与 Yahoo Publisher Network 等为通过竞价获得投放权限的广告商提供按广告点击次数付费的服务等。

（2）按使用量和时长等计价

许多数据资产的货币计价应用是连续型的。例如，魔兽世界（World of Warcraft）、梦幻西游（Fantasy Westward Journey）这类在线游戏根据玩家在线时长进行收费。其中，梦幻西游这款游戏的收费为每小时 0.6 元；魔兽世界这款游戏的收费标准约为每天 0.5 美元。Dacast 等直播服务平台根据数据流量使用情况进行计价。

（3）按多个因素混合计价

许多数据资产的货币计价应用是多个或离散或连续因素的混合型。例如，Amazon Prime 影音服务实行会员准入制，成为 Amazon Prime 的订阅会员后，可在平台上购买视频，但不同视频的价格不同，电影的价格与实体 DVD 同价或稍低；艺术众筹服务供应商 Patreon 实行订阅会员制，创作者会根据赞助者的不同会员级别给予不同的优惠策略等。

（4）按交易价格确定资产价格

针对大数据型的数据资产，一般会对数据资产内容进行交易，包括按用户需求开展数据资产交易，以及以“盒”为单位进行按件计价交易等形式。可以根据数据资产的交易价格来确定其价格。

针对数据资产，除进行货币计价外，也可以通过评估来确认其价值，并给出测算值。数据资产具有信息属性，这个特点是数据资产的价值所在，但这个价值取决于使用者。从这个角度看，数据资产的价值可以通过评估给出。传统的资产评估方法主要包括收益法、成本法、市场法及它们的衍生法。数据资产评估从宏观上可以沿用传统的资产评估方法。但是，数据资产兼具有形资产和无形资产的特点，而数据计量计价、流通交易还存在许多问题，因此数据资产评估有其特殊性，需要设计专门的评估模型，这依赖于未来技术、产业和法律的整体演进。

4.2.3 折旧和增值规则

针对数据资产，还需要考虑折旧和增值的问题。随着时间的推移，很多资产存在价值减损的情况，但数据资产比较特殊，可能还存在增值的情况。这主要是由于数据具有时间属性，虽然数据的载体会老化，但数据的存在没有过去和未来的概念，数据本身是不会老化的[10]。数据自身是不会随时间的推进而发生变化或消亡的，只有数据的价值可能会发生变化（价值减损或价值增加）。因此，在数据资产管理过程中，需要考虑数据资产折旧和增值的情况。

随着技术的进步，数据存储的能力得到极大的提升，同时存储的成本得到极大的降低。而且“数据是数字经济的基础资源”“数据可能成为资产”等观点获得广泛认可，将会促使数据拥有者或数据管理者尽己所能地保存更全的数据，并积累更多的数据。

随着时间的推移，数据积累得越来越多，达到一定规模后，加上新技术、新需求、新应用场景的出现，很可能会给数据拥有者或数据管理者带来新的业务增长点。在这种情况下，数据资产不但不会折旧，反而可能增值。例如证券行情数据，一天或一个月的数据可能没有很高的价值，但一年或十年的数据可能会带来很多新的价值，催生出很多新的业务和增长点。又如司机的驾驶习惯数据，一天两天的数据可能意义不大，但包括驾驶员长期的驾驶里程、驾驶时间、驾驶距离、加减速习惯以及常去地等信息的驾驶习惯数据，对于保险公司而言很有价值，因为这可以更准确地测算出这位驾驶员要交的保险费用。再如卫星对地观测数据，一张照片不会有什么用处，但历时十几年甚至几十年的地球照片，可帮助人类发现南北极白色区域逐年减少的现象，获知冰雪融化、海平面即将上升的信息，从而进一步引起高耗能、高污染等行业的股价下跌，以及环保行业的关注和大量资金流入等。

数据拥有者或数据管理者需要考虑的是：当存储的业务需求外的数据达到一定程度（甚至超出存储量）而这些数据尚未带来新的业务增长点时，需投入的存储成本是否会出现超出承受范围的情况。从这点来看，数据拥有者或数据管理者需要综合考虑数据的成本和产出，在数据资产管理过程中要处理好数据资产折旧和增值的关系。

4.3　数据资源的资产化

数据资源是能给会计主体带来预期经济利益或产生服务潜力的资源。通过生产、采集、加工、购买等，会计主体形成了自有的数据资源，并拥有、控制这些数据资源；通过出让数据、加工数据或提供数据服务，会计主体可以获取利益。数据资源符合资产的定义和特征，具备了资产的基本特征。

数据资源成为数据资产需要具备哪些条件？根据数据资产的定义，数据资源只有满足拥有数据权属、有价值、可计量、可读取这 4 个必要条件，才能被认作某个主体的数据资产。如果数据资源还具有良好的数据质量、合理的货币计价与评估方法、数据资产折旧和增值规则这 3 个附加条件，那么拥有数据资源的主体就可以管理和运行这些数据资产了。

4.3.1　可资产化的数据资源

显然，并不是所有的数据资源都可作为资产，比如毫无意义的“垃圾数据”、没有权益的数据等都不会是资产。那么，可资产化的数据资源应该具备哪些条件？

- 首先，一个可资产化的数据资源应该是有价值的。对于一个经济主体而言，判断一个数据资源对其是否有价值是比较容易的。由于数据资源是否有价值是因人而异的，不同的人所处的场景及所要面临和解决的问题是不一样的，同一个数据资源对他们是否有价值以及价值大小也都是不一样的。这个判断需要经济主体从自身需求出发，可以通过人为方式进行判定，这相对容易。但数据资源的价值大小则需要专门的方法来确定，其中包括数据获取、使用、管理等成本因素以及价值的预估比较等。
- 其次，一个可资产化的数据资源应该是可读取的。对于一个经济主体而言，判断一个数据集能否被读取也是相对容易实现的。读取一个数据集主要受制于经济主体掌握的设备、技术、方法等多种因素。通过对数据集样本数据的机读操作，可以判断出以经济主体现有水平能否读取出一个数据集。
- 再次，一个可资产化的数据资源应该是拥有权属的。对于一个经济主体而言，判断其是否拥有数据资源的权属是重点也是难点。经济主体只有拥有了数据资源的数据权属才可能让数据资源成为它的数据资产。数据权属包括勘探权、使用权、所有权等。只有合理界定数据权属，才能在数据资产化过程中保护相关数据主体的合法权益，实现数据权属的合理合法转移，数据变现或数据资产收益的流入才能变成可能。对数据集进行确权，解决数据属于谁的问题，当前还未有相关的法律法规。由于数据资源的特殊性质，已有的知识产权法和物权法并不适用。可以把数据权属相对清晰的数据资源先行纳入数据资产范畴。关于数据确权，当前有些实践工作中的数据资源确权方法相对可行或值得借鉴，如市场上运行和流通的典型行业的数据产品以及数据出版的运行机制和确权方法等。
- 最后，一个可资产化的数据资源应该是可计量的。对于一个经济主体而言，判断数据资源是否可计量是重点也是难点。数据资源的成本或价值能够被可靠地计量，是其成为数据资产的必要条件。只有可计量的数据集才具备被计入企业资产负债表的可能，才有可能成为数据资产。数据是现实世界中万事万物的信息化，其形式内容多种多样。有些数据已经可以被计量，有些数据目前还没有找到计量方法。先对可计量的数据资源进行资产化是个可行的做法。

综上所述，在判定一个数据资源是否可资产化时，一个数据集是否有价值、是否可读取（通常指是否可机读）相对而言是比较容易甄别、界定和满足的。而数据主体是否拥有数据资源的权属，以及这个数据资源是否可计量是比较困难的问题。

4.3.2　可管理的数据资产

不是简单地把数据资源资产化就可以发挥数据的价值，资产化后的数据还需要进行良好的管理，这就是数据资产管理。良好的数据资产管理是发挥数据资产价值的重要手段。为了进行科学的数据资产管理，还需要对数据资产附加一些管理方面的条件。

- 首先，数据资产要有良好的数据质量。对于实物产品，人们追求高质量的产品，不希望产品有质量上的问题。经济主体同样追求具有良好数据质量的数据资产。要确保一个数据资产具有良好的质量，就要对其进行数据质量管控，包括对数据资产的质量问题开展识别、度量、监控、预警等系列工作，通过建设数据质量管控团队、建立和优化相关流程，以及采用各种技术等来管控数据质量。
- 其次，数据资产要有合理的货币计价与评估方法。对于一个经济主体来说，合理的货币计价与评估方法能使数据资产的价值得以显现，有利于数据资产管理。在数据资产管理过程中，数据资产的合理货币计价与评估是对其价值的货币测算和体现，给经济主体提供了一个能较好地衡量资源计划投入与经济利益产出两者间的关系的参考依据。有计量单位的数据资产可以进行货币计价与评估，从而确定数据资产的价格和价值。数据资产兼具有形资产和无形资产的特征，与以往的传统资产评估相比存在一定差异，有其特殊性，对于数据资产评估，需要设计专门的评估模型。

- 最后，数据资产要有折旧和增值规则。对于一个经济主体来说，数据资产折旧和增值规则是数据资产管理和运行过程中需要考虑的。数据资产与其他资产不同，随着时间的推移，除了可能出现价值减损，还可能出现增值的情况。数据资产增值的可能性备受关注。随着数据不断积累形成数据资源，新技术、新需求、新场景更迭出现，数据资源的新价值被进一步发现和挖掘，新的业务增长点出现。因此，在进行数据资产管理的过程中，经济主体不仅要考虑数据资产的折旧情况，还需要考虑数据资产增值的情况。

综上所述，数据资产若具有良好的数据质量、合理的货币计价与评估方法、数据资产折旧和增值规则 3 个附加条件，就能被更好地管理和运行，其价值就能得到更好的体现，更有利于后续的流通和增值。

4.4 小结

并不是所有的数据都可以作为资产。显然，毫无意义的“垃圾数据”、没有权益的数据等就不是资产。本章针对如何将一个数据集转化为数据资产的问题，研究提出了数据成为资产要具备的 4 个必要条件（拥有数据集的数据权属、数据集有价值、数据集的成本或价值能够被可靠地计量、数据集是可读取的）、3 个附加条件（数据集要具有良好的数据质量、合理的货币计价与评估方法、数据资产折旧和增值规则）。数据的资产满足性是形成合理完整的数据资产化体系的基础。

参考文献

[1] 朱扬勇, 叶雅珍. 从数据的属性看数据资产[J]. 大数据, 2018, 4(6): 65-76.

[2] 朱扬勇. 大数据资源[M]. 上海: 上海科学技术出版社, 2018.

[3] KLUMP J, BERTELMANN R, BRASE J, et al. Data publication in the open access initiative[J]. Data Science Journal, 2006, 5: 79-83.

[4] LAWRENCE B, JONES C, MATTHEWS B, et al. Citation and peer review of data: moving

towards formal data publication[J]. International Journal of Digital Curation, 2011, 6(2): 4-37.

[5] 涂志芳. 科学数据出版的基础问题综述与关键问题识别[J]. 图书馆, 2018(6): 86-92, 100.

[6] UNESCO. Records of the general conference, thirteenth session, Paris, 1964: resolutions[Z]. Paris: UNESCO, 1965.

[7] International ISBN Agency. ISBN users' manual: seventh edition[M]. London: International ISBN Agency, 2017.

[8] 朱扬勇. 旖旎数据[M]. 上海: 上海科学技术出版社, 2018.

[9] WANG R Y, STRONG D M. Beyond accuracy: what data quality means to data consumers[J]. Journal of Management Information Systems, 1996, 12(4): 5-33.

[10] 朱扬勇, 熊贇. 数据学[M]. 上海: 复旦大学出版社, 2009.

第 5 章

数据资产化框架

一个数据集或数据资源需要经过数据资产化后才可能成为数据资产。根据第 4 章介绍的数据资源转化成数据资产的 7 个满足性条件，可以开展数据资产化工作。本章介绍数据资产化的基本框架，包括数据资源确权、数据价值确认与质量管控、数据装盒入库、货币计价与评估、数据资产折旧和增值的管理 5 个环节步骤，可以作为数据资产化工作的指南。

第5章 数据资产化框架

| 5.1 数据资产化工作内容 |

数据资产化是指对数据资源进行适当的处理，使其满足数据资产的条件。根据数据资源转化成数据资产的满足条件，如果一个数据集满足 4 个必要条件（拥有数据集的数据权属、数据集有价值、数据集的成本或价值能够被可靠地计量、数据集是可读取的），那么就可以认为该数据集是某个经济主体的数据资产。如果该数据集还满足 3 个附加条件（数据集具有良好的数据质量、合理的货币计价与评估方法、数据资产折旧和增值规则），那么这个经济主体就可以管理和运行这些数据资产。

在上述 7 个条件中，一个数据集是否有价值、是否可读取是相对容易甄别、界定和满足的。因此，在数据资产化过程中不需要进行专门的工作以使数据集满足这两个条件。虽然判定一个数据集是否有价值是相对容易的，但判定其价值大小存在一定难度。然而，在数据资产化过程中需要对数据集的价值大小进行确认，数据集的价值大小很大程度上与数据集的质量高低有关。

鉴于此，我们把数据资产化的过程分成数据资源确权、数据价值确认与质量管控、数据装盒入库、货币计价与评估、数据资产折旧和增值的管理 5 个方面[1]，每个方面的工作内容如下。

- **数据资源确权**。一个数据集要被作为数据资产，首先经济主体需要持有这个数据集一定的数据权属，这个权属可以是数据集的所有权、使用权、勘探权等。只有拥有了数据集的数据权属，才有可能让其成为数据资产。数据资源确权是数据资产化的第一步，也是保护相关数据主体权益不受侵害的关键步骤。由于数据极易被复制，在流通过程中，数据资产的所有权是可以不发生转移的，只需将包括使用权、转授权（分许可）等在内的相关权利进行独占或非独占授权。
- **数据价值确认与质量管控**。完成一个数据集的数据资源确权，确定经济主体拥有数据集一定的数据权属后，就可以对这个数据集进行价值确认。此时要确保该数据集具有一定的数据质量，即需要对这个数据集进行数据价值确认与质量管控。数据价值确认不仅要判断数据集是否有价值，还需要判定数据集具有多少价值。一般来说，判断一个数据集是否有价值相对容易，但要判定其价值大小就存在一定难度,数据集的价值大小还与数据质量的高低有关。因此，工作重点是要对数据集的数据质量进行管控。
- **数据装盒入库**。对于完成数据资源确权、数据价值确认与质量管控的有用数据集，下一步工作就是要将其进行规范化整理，按相关规定将一定规模的数据集副本以“数据盒”为单位进行灌装，从而形成标准的计件单位。有了计量单位后，就可以准确计算数据资产，继而建立资产管理目录，对数据资产进行入库管理，即“装盒入库”。
- **货币计价与评估**。数据集装盒入库后，就具有计量计价单位，研究人员就可以结合数据资产的获取方式，根据数据资产的特性、类型、质量等具体情况，以及生产成本、管理成本、市场需求等因素，采用合适的方法对其进行货币计价与评估，以确定数据资产的价格和价值。
- **数据资产折旧和增值的管理**。在进行数据资产管理时，对于确定了价格和价值的数据资产，需要考虑它的折旧和增值情况。通常，只要数据的载体还存在或者可以替换新的载体，数据就不会损耗，数据质量也不会下降。由于数据的特殊属性，数据自身是不会老化和消亡的，数据的价值可能会降低，也可能会增加。因此，在进行数据资产管理的过程中，不仅要考虑数据资产折旧的情况，还要考虑数据资产增值的情况。

5.2 数据资产化框架设计

5.2.1 数据资产流程设计

根据数据资源转化成数据资产的 7 个条件，以及上述 5 项数据资产化工作的内容，数据资产化的流程如图 5-1 所示。

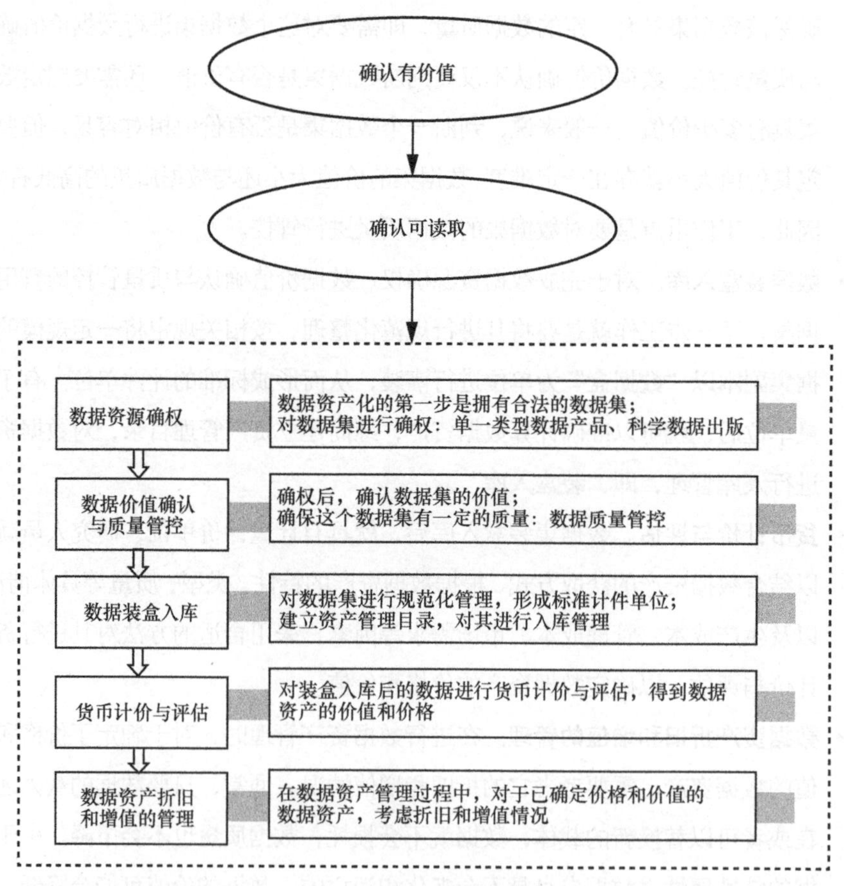

图 5-1　数据资产化的流程

5.2.2　有效性分析

（1）数据资产化工作内容的有效性

由于一个数据集是否有价值、是否可读取这两个条件相对容易甄别、界定和满足，在数据资产化过程中不需要设计专门的工作内容。虽然判定一个数据集是否有价值相对容易，但判定其价值大小存在一定难度，在数据资产化过程中需要对数据集的价值进行确认，数据集的价值大小与数据质量高低有关。因此，将数据价值确认与质量管控作为数据资产化的一项工作内容是合理有效的。其他工作内容是按照数据资产定义和资产管理来安排的，因此，数据资产化的工作内容是合理有效的。

（2）数据资产化流程的有效性

关于数据资产化工作流程，首先，要确认一个数据集是否有价值，由于不同的人所处的场景和面临的问题不一样，同一个数据集对于他们的价值也不一样。因此数据拥有者可以人为判断一个数据集是否有价值（但价值的大小需要有专门的方法来确定），以决定是否要对一个数据集开展数据资产化工作。其次，要判断数据集的可读取性，这个也是容易做出人为判断的。因此，这两项工作内容比较简单，在流程框架图中用椭圆形状标出以示区别（如图 5-1 所示）。后续步骤讨论如下。

① 首先要对数据集进行确权。只有合理界定数据权属，才能在数据资产化过程中保护相关数据主体的合法权益，实现数据权属的合理合法转移，数据变现或数据资产收益的流入才能成为可能。

② 数据资源确权后，需要确认数据集的价值，然后确保这个数据集具有一定的质量，即对其进行数据质量管控，这样才能确保这个数据集是有用的。判定一个数据集是否有价值相对容易，但判定其价值大小存在一定难度，在数据资产化过程中需要对数据集的价值进行确认，数据集的价值大小与数据质量高低有关。开展数据质量管控是重点。在数据集确权后，通过各种技术和管理手段对数据集的质量开展识别、度量、监控、预警等系列工作，通过建设数据质量管控团队、建立和优化相

关流程，以及采用各种技术来管控数据质量。

③ 数据资源要想成为数据资产，其成本或价值要能够被可靠地计量。在数据资产化过程中，可以按照数据权属登记管理机构的有关规定对数据集进行规范化整理，以“数据盒”为单位对一定规模的副本进行灌装，从而建立数据资产目录，并对其进行入库管理。数据资产以“盒”为单位在数据市场上进行定价、交易、流通。有用的数据集经过规范化整理并装盒入库后，才具有被计入企业资产负债表的可能，而对应的数据产品才能被登记、出版，进而进入市场进行交易、流通。

④ 有了数据计量单位后，对数据资产开展价格和价值确定的通用性和普遍性增强，有利于进行数据资产的货币计价与评估。

⑤ 对于确定了价格和价值的数据资产，还要开展数据资产折旧和增值的管理。一般情况下，随着时间的推移，大部分资产会出现折旧的情况，但数据资产比较特殊，也可能出现增值的情况。

综上，数据资产化流程设计遵循逻辑次序、由简到难、成本优化的原则，因此是合理有效的。

5.3 数据资产化探索与实践

当前，数据资源确权、数据价值确认与质量管控、数据装盒入库、货币计价与评估、数据资产折旧和增值的管理等方面都有不同程度的探索和实践，在提出数据资产化框架之前，这些探索和实践是零散的、不成体系的。有了数据资产化框架后，这些流程步骤的具体探索和实践就可以在具体的数据资产化工作中进行。下面讨论数据资产化过程中 5 个步骤的具体探索和实践情况。

5.3.1 数据资源确权

数据权属问题是数据资产化过程中的关键，目前在法律和规制上都尚未给出有效的界定和解决办法，使得在数据资产化过程中数据资源确权存在一定困难。在当前针对数据资源确权开展的实践工作中，有些数据资源确权方法是相对可行和值得借鉴的，如在市场上运行和流通的一些典型行业的数据产品确权方法以及数据出版方式等。

（1）基于实物权属的数据产品确权

市场上运行的典型行业的数据产品多是音乐、影视、电子书这类单一类型的数据产品。这类数据产品中有一大部分是从对应的实物产品数字化而来的，沿袭和发展了实物产品的运行机制和确权方法，因此权属比较清晰。以音乐数据产品为例，大部分音乐数据产品是从传统音乐产品（如磁带、黑胶唱片等）数字化而来的，可以保留原有的所有权权属。

音乐产业链环节较多，从最初创作出来的作品到最终市场上流通的产品，涉及的版权问题多且复杂。其中，音乐作品版权人主要指音乐作品创作者和音乐出版商。通常，音乐作品创作完成后，创作者（一般为作曲者和作词者）就拥有了作品的著作权，是该作品的初始版权人；为了能出版和发行音乐作品从而获得一定的服务和支持，初始版权人会将版权的一部分或全部转让给音乐出版商。由于音乐传播的广泛性、使用的即时性、需求的大量性等特点，音乐作品版权人较难掌握其作品的使用情况，为了更好地维护版权人的合法权益，提倡集体管理。音乐著作权的集体管理组织有许多，如美国作曲家、作家和出版商协会（American Society of Composers, Authors and Publishers，ASCAP），美国广播音乐公司（Broadcast Music Incorporated，BMI），欧洲戏剧作家与作曲家团体（Society of European Stage Authors & Composers，SESAC），中国音乐著作权协会等。音乐作品版权人可以把音乐作品版权的部分或全部权利授权委托给集体管理组织，由其进行相应权利的管理和代收部分版税。通常在获得音乐作品的机械复制权许可后，才可将音乐作品制作成唱片等形式。音乐产品初始版权人主要指音乐产品的生产者（如演唱者、作词者、作曲者、编曲者、歌曲制作者等），而通常初始版权人会把音乐产品的所有版权转让给唱片公司[2]。

随着技术的发展，音乐数据产品逐渐成为大数据时代音乐作品的主要呈现形式，许多传统音乐产品都被数字化为音乐数据产品进行传播和流通。相应的版权制度也在原有的基础上进行了发展和完善，以版权制度完善、音乐产业发达的美国为例，

2018年的《音乐现代化法案》（Music Modernization Act）就是为了使音乐版权制度能更适应新技术的发展、保障版权人的利益这个目的而颁布的，其结合了音乐产业界关于音乐数据产品实践积累的多年成熟经验，沿袭和发展了美国原有相关音乐版权制度。该法案扩张了制作录音制品法定许可的数字环境适用性，设立了一个非营利性的机械许可集体组织（Mechanical Licensing Collective），给出了针对音乐数据产品的一揽子法律许可机制，建立和维护了一个有关音乐作品权属信息的公共数据库等[3]。可采用版权标识码等确权方法来更好地保护和确认音乐版权，比如用于文本作品标识的国际标准文本编码（International Standard Text Code，ISTC）、用于音乐作品标识的国际标准音乐作品编码（International Standard Musical Work Code，ISWC）、用于录音和音乐录像制品出版物标识的国际标准音像制品编码（International Standard Recording Code，ISRC）等。这些标识码都具有唯一性、永久性和国际性，为后续发行流通过程中的追踪和维权提供了依据。例如，一位作词人创作了一首歌词可以申请ISTC，当歌词被作曲人谱成歌曲并成为音乐作品后可以申请ISWC，当该音乐作品被录制成音乐产品后可以申请ISRC等。

音乐数据产品是音乐作品在新技术背景下一种新的呈现方式，在运行机制和确权方法上对传统音乐产品进行了沿袭和发展，其权属比较清晰。与音乐数据产品类似的还有影视、电子书等单一类型的数据产品，它们大多从传统产品形式发展而来，对传统产品的版权制度进行了沿袭和发展；对应的传统产品被转化成电子数据后形成了数据资源，其相应的权属是明确的。这类数据产品是作品的知识产权载体，其所有权属于原知识产权人，原知识产权人或其代理人将包括作品复制发行等各项使用权以及转授权等在内的独占或非独占许可授权给数据产品服务商（销售平台），数据产品服务商得到授权后就可以将这些数据产品的使用权、转授权等作为其数据资产评估入账，实现了数据资源确权。

（2）数据出版方式的数据确权

对于数据资产化，数据出版可能是一种可行的数据确权方式。

数据出版最早是指科学数据出版。科学数据出版通过一系列保障措施、环节步骤和技术支持，较好地实现了对数据权益的保护[4]，从而实现了对数据生产者或拥有者的信誉和合法权益的保障，提高了数据重用的价值[5-6]。科学数据出版是指为了在数据开放共享过程中保护科学家的工作成果和创造积极性，将科学研究数据公开出版以便其他科研人员和机构使用，其主要目的是在科学数据开放共享过程中保护科学数据生产者的相关利益（如著作权和所有权）[4]。许多国家、国际组织和机构出台了政策来支持数据出版和科学数据开放共享，如联合国教育、科学及文化组织（United Nations Educational Scientific and Cultural Organization，UNESCO）的《开发和推广开放获取政策指南》[7]，《科学欧洲关于研究出版物的开放获取原则》（Science Europe Principles on Open Access to Research Publications）[8]等。

科学数据出版通过同行评议、数据永久存储、数据标准化、数据引用等方式[6,9]，避免出版的数据被篡改和造假，保证数据的完整性和标准化，从而确保出版数据的质量和价值，进而保障数据生产者或拥有者的信誉和合法权益。同行评议是一种能有效控制数据出版质量的方法，主要对数据内容的科学性质量、数据集的技术性质量等进行评议，数据内容的科学性质量主要由同领域专家评审，数据集的技术性质量（如数据格式标准化、元数据完整性等）主要由数据专家评审[5,10]。数据永久存储是一种能有效防止数据被篡改从而保证数据完整性的措施，主要实现对出版数据的长期保存和永久获取，以便于使用者访问和追溯出版数据，数据永久存储的专业性使得该项工作更多由专业数据中心来负责[11]。数据引用是一种能有效保证数据生产者或拥有者知识产权的途径，引用方式主要包括对独立出版数据进行直接引用以及通过对数据论文或数据出版物的引用来间接实现对数据集的引用等，通过数据引用可以明确数据的归属、来源，保证数据的真实性和准确性，便于数据发现[12]。

科学数据出版通过数据标识符和相应的技术等规范数据引用，达到数据生产者或拥有者对数据著作权、所有权的宣示目的。其中，数字对象唯一标识符（Digital Object Identifier，DOI）是研究和应用得比较广泛的数据标识符。1998 年国际 DOI 基金会（International DOI Foundation）成立；2003 年国际科学技术数据委员会（Committee on Data for Science and Technology，CODATA）德国全国委员会和德国科学基金会（Deutsche Forschungsgemeinschaft，DFG）联合启动“科学数据出版与引用”项目，使用标识符（DOI 和统一资源名称（Uniform Resource Name，URN））对可用数据集进行永久标识；2005 年德国国家科学技术图书馆（TIB）成为首个科学数据DOI的注册机构[4]；2009年DataCite成立，主要研究数据出版标准流程、制定引用规范及为科研数据提供唯一标识符服务；2012年国际标准组织正式批准DOI为国际标准（ISO 26324）。DOI具有唯一性、永久性、动态更新等特点，在科学数据出版中能跟踪追溯、引用获取、链接、永久标识相关数据，有利于出版数据的知识产权保护[6]。

当前科学数据出版主要包括通过出版机构进行数据出版和通过非出版机构进行数据出版两种基本出版途径。科学数据出版后就是公开、标准化、知识产权清晰的数据资源，能够较好地实现科学数据开放共享中的数据资源确权，从而促进科学数据的开放共享。

5.3.2 数据价值确认与质量管控

数据质量的高低直接影响数据价值的大小。在数据价值确认和质量管控这个流程步骤中，重点是开展数据质量管控工作。搭建一支专门负责数据资产化过程中数据质量管控工作的专业团队，对数据资产化工作的开展和推进会起到积极作用。数据质量管控团队主要负责数据资产化过程中各类数据质量的管控工作，主要包括数据质量标准设定、数据质量知识库的建立和更新、数据剖析、数据质量评估、数据质量监控和报告等。

数据质量管控的流程主要包括分析数据质量的过程和根据分析结果进行优化的过程。第一，剖析和识别数据，并对数据质量进行量化；第二，给出数据质量的规则和目标；第三，通过集成流程提高数据资产的价值；第四，检测异常，对照目标开展监控工作，从而评估是否已达成目标；第五，决定是否需要开展数据质量提升工作，并将数据交付给负责数据资产化的相关人员使用[13]。具体内容如下。

- 对于已确权的数据集，开展数据剖析和识别工作，掌握数据集的基本情况及可能存在的问题。
- 根据数据剖析和识别的结果，对数据质量的标准进行设定，对目标进行量化，给出数据质量的维度、评估指标和度量方法，以便开展后续的数据质量评估工作。

- 明确数据质量规则，并对数据集的规则符合度进行监控，如果发现数据集不满足要求，则及时向负责数据资产化的部门和人员发出数据质量问题的警示。建立缺陷数据纠错机制，完善并实施数据质量规则，以达到最好的预期。
- 通过数据集成流程来集成数据质量规则和活动（剖析、清洗/匹配、自动纠正和管理），这对提高数据资产的准确度和价值至关重要。
- 检查、分析数据质量的异常情况，并对规则进行验证，确定、评估数据质量的服务水平，根据评估结果完善规则。
- 对照目标，监测数据质量，并形成报告。管理监控数据质量，与预设目标进行对比，并形成数据质量报告，使负责数据资产化的相关人员能够及时掌握数据的质量水平。

5.3.3　数据装盒入库

数据盒是带有自主程序单元和内在计算能力的数据组织存储模型[14]。对有用的数据集进行规范化整理后，按照一定的规则将其灌装到数据盒中，建立数据资产管理目录，并对其进行入库管理。

数据装盒主要涉及数据源管理、数据盒构建与环境配置、数据灌装、展示交互等模块。数据源管理模块主要对要装盒的数据集及副本进行管理，通过配备的数据资源管理系统来开展工作；数据盒构建与环境配置模块主要根据要装盒的数据集的大小、约束条件、接口和监控要求、环境需求等构建数据盒，并配置软硬件环境；数据灌装模块主要对要装盒的数据进行统一的格式转化，并导入数据盒；展示交互模块主要为数据管理者和使用者提供服务，使他们能够获得和使用数据盒。数据装盒基本流程如下[14]。

- 准备阶段。选定要装盒的数据，确定数据字段和数据记录，给出数据使用约束。
- 数据盒构建与环境配置。配置数据所需的软硬件环境，并将相关信息封装到盒中，生成数据盒，同时分配数据盒标识。

- 数据灌装。实现原始数据格式转换，根据设置的约束条件实施数据的灌装，并封装数据访问控制和数据防泄露机制。
- 数据盒交付。将生成的数据盒展示给数据管理者或使用者，以便其获取、管理和使用数据盒。

数据装盒完成后，数据资产就有了计量单位，从而得以被准确计算。接着就可以建立数据资产的管理目录，并对其进行入库管理，即数据资产的“入库”。建立数据资产目录，明确数据资产类别、登记资产名目、界定管理范围，有利于数据拥有者或管理者对数据资产进行入库后的检索、获取、盘点、使用、处置等管理工作。

5.3.4 货币计价与评估

货币计价与评估方法已经进行了很多实践，如货币计价中的按离散计数进行计价、按使用量和时长计价、按多个因素混合计价、按交易价格确定资产价格等。其中，对于大数据型的数据资产，一般会出现对数据资产内容进行交易、以“盒”为单位进行按件计价交易等形式。

（1）对数据资产内容进行交易。当直接对数据资产内容进行交易时，该类数据资产内容往往不能公开，需要对该数据资产进行使用保护。因为数据资产一旦公开发行，任何机构或个人都可以对其内容进行挖掘和开发工作，从而影响该数据资产作为交换物的稀缺性，造成溢价减少，使得数据资产内容提供商的权益受到损害。以数据资产内容为交易对象的计价形态，需要采用内容估值的方式，因为数据资产内容的价值取决于使用者，很难有统一的计价标准，所以只有先对数据资产内容进行估值才能得到相应的价格。

（2）以“盒”为单位进行按件计价交易。数据资产直接以“盒”为对象进行交易时，需要有健全的法律法规体系对数据资产权属进行保障，解决盗版等问题。只有在健全的法律法规体系下，才能进行以“盒”为单位的按件计价交易。以“盒”为对象的计价形态不按内容计价，故无须考虑盒中的数据资产内容价值，更多的是从数据标准化装盒成本、消费者支付意愿及以“盒”为单位的数据资产流通性等角度来进行考量和定价。

数据资产的价值还可以通过评估来进行。数据资产的类别和形态千差万别，而且使用者和使用目的不同，导致交易双方对资产的评价不同，难以形成统一的计价标准，这种情况下可以采用评估的方法对数据资产价值进行评估。宏观上，数据资产价值评估可以沿用传统的资产评估方法，即收益法、成本法、市场法及它们的衍生法。收益法、成本法、市场法这 3 类资产评估方法之间存在一定的互补性。在开展特定数据资产价值评估时，可以采用评估方法的组合形式。数据资产价值评估有其特殊性，现有资产评估方法及其衍生法、组合法不能完全满足所有数据资产价值评估的需求。而且，数据资产在计量计价、流通交易等方面还存在许多问题，数据资产的评估有其特殊性，需要设计专门针对特殊要求的数据资产价值评估模型。

5.3.5　数据资产折旧和增值的管理

在数据资产管理过程中，数据的价值会随着时间的推移而变化，或贬值或增值。例如，数据的采集粒度与时效性、存储方式、整合状况、可视化程度、对数据分析挖掘的深度以及应用的程度都会对数据价值造成影响，进而引起数据价值的变化。

在数据资产管理实践中，为了节约成本、提高管理效率，一般会考虑有用数据的存储、备份、入库等相关问题。随着技术的进步，数据的获取与存储成本正在极大地降低，当前的数据资产管理更多以数据价值为导向，最大限度地对尽可能多的数据进行存储和管理。

随着时间的推移，数据累积得越来越多，在这些数据里很可能蕴藏着未被挖掘和发现的价值，很可能会给数据拥有者或管理者带来新的业务增长点，甚至形成新的业态。在这种情况下，数据资产不仅不会出现价值减损的情况，反而可能出现增值的情况。例如，证券行情数据、消费购物数据、某一流行病数据等都是积累得越久越丰富，可能带来的新价值越多，催生出新的业务和增长点的可能性越大。

目前还没有关于数据资产折旧或增值的会计处理研究，有待相关学者开展这方面的研究工作。

5.4 小结

在对数据资源开展数据资产化的过程中，不能简单套用已有的会计体系处理数据资产，也不能将传统的资产标准运用到数据资产领域。针对如何将数据资源变成数据资产的问题，本章结合 4 个必要条件和 3 个附加条件，给出了数据资产化的工作内容，并在此基础上设计了数据资产化框架，包括数据资源确权、数据价值确认与质量管控、数据装盒入库、货币计价与评估、数据资产折旧和增值的管理 5 个环节。在提出数据资产化框架之前，5 个环节都已经有不同程度的探索和实践内容，该框架被提出后，这些环节的具体探索和实践内容就可以在具体的数据资产化工作中运用了。

参考文献

[1] 叶雅珍, 刘国华, 朱扬勇. 数据资产化框架初探[J]. 大数据, 2020, 6(3): 3-12.

[2] 刘家瑞. 论美国数字音乐版权制度及启示[J]. 知识产权, 2019(3): 87-104.

[3] 阮开欣. 数字音乐出版版权许可制度探究——美国《音乐现代化法案》解读与启示[J]. 中国出版, 2020(2): 61-63.

[4] KLUMP J, BERTELMANN R, BRASE J, et al. Data publication in the open access initiative[J]. Data Science Journal, 2006, 5: 79-83.

[5] LAWRENCE B, JONES C, MATTHEWS B, et al. Citation and peer review of data: moving towards formal data publication[J]. International Journal of Digital Curation, 2011, 6(2): 4-37.

[6] 涂志芳. 科学数据出版的基础问题综述与关键问题识别[J]. 图书馆, 2018(6): 86-92, 100.

[7] SWAN A. Policy guidelines for the development and promotion of open access[M]. Paris: UNESCO, 2012.

[8] Science Europe Working Group on Open Access. Science Europe principles on open access to research publications[R]. 2015.

[9] 张小强，李欣. 数据出版理论与实践关键问题[J]. 中国科技期刊研究，2015，26(8):

813-821.

[10] AUSTIN C C, BLOOM T, DALLMEIER-TIESSEN S, et al. Key components of data publishing: using current best practices to develop a reference model for data publishing[J]. International Journal on Digital Libraries, 2017, 18(2): 77-92.

[11] 吴立宗，王亮绪，南卓铜，等. 科学数据出版现状及其体系框架[J]. 遥感技术与应用, 2013, 28(3): 383-390.

[12] 屈宝强，宋立荣，王健. 开放共享视角下科学数据出版的发展趋势[J]. 中国科技期刊研究, 2019, 30(4): 329-335.

[13] 朱扬勇. 大数据资源[M]. 上海：上海科学技术出版社, 2018.

[14] 熊贇，朱扬勇. 面向数据自治开放的数据盒模型[J]. 大数据, 2018, 4(2): 21-30.

第6章

数据资产估值

数据资源被资产化后，数据的价值就获得了认可，那么数据资产到底值多少钱呢？这需要对数据资产进行估值。本章介绍数据资产估值的几个主要方面，包括数据真实性评价、数据使用性评价、数据质量评估、数据价值确认等。

6.1 数据资产的价值体现

数据资产化的研究和实践受到广泛关注，其中一个重要原因是数据中蕴含着价值。通过对数据开展资产化工作可以将隐含在数据中的价值（特别是商业价值）显示出来。从数据的使用角度来看，数据资产价值主要体现在数据是否有用、是否够用、是否可用、是否好用等方面。

6.1.1 数据是否有用

数据是否有用是数据资产价值体现的第一个方面，具有以下 3 层含义。

（1）数据自身是否具有价值：数据自身是否具有价值是指数据是否描述了现实世界的事物，这直接决定了数据是否有用，如果数据集自身没有价值，那么它肯定是无用的。“垃圾”数据没有价值，因此它是无用的。

（2）数据是否满足用户需求：在数据自身具有价值的前提下，“是否有用”就要看数据是否满足用户的需求、能否给用户带来价值。一个数据集自身有价值，但可能不满足某种应用需求，那么对于有这个需求的用户而言，这个数据就是无用的。

（3）数据价值实现的可能性：若数据自身有价值，同时满足用户需求、能给用户带来价值，那么数据“是否有用”就看其价值是否有实现的可能。如果一个数据的价值实现受到各种条件制约，实现难度很大，投入大于收益，或者根本就无法实现，那么这个数据也被认为是无用的。

对于数据是否有用，主要考虑数据是否具有价值、对哪些用户有价值（包括对拥有者自身的价值性），以及价值实现可能性等方面，即一个数据集能否用于解决某个应用需求，能否被挖掘出有用的知识。对于无用的数据集，其价值无从谈起；对于不能满足某个应用需求的数据集，其对于需求方而言是没有价值的；若数据中蕴含价值，但由于受到技术、方法、成本等各种因素的影响和制约，其价值的实现可能性很低甚至几乎为零，那么这类数据会被认为是无用的。

6.1.2　数据是否够用

数据是否够用是数据资产价值体现的第二个重要方面。若有用的数据不够用，则会影响数据价值实现。数据是否够用是相对的，即对于同一个数据集，在不同的应用需求和不同的预设期望下，其在有些情况下是够用的，在有些情况下就不够用了。关于数据是否够用，可以分为以下 3 种情况。

（1）数据不够用：若某个数据集不能满足某一应用需求、不能实现预设期望，就可以说这个数据集是不够用的，需要使用更多有用的数据集。

（2）数据够用：数据可以满足应用需求、达到预设期望。

（3）数据超够用：数据超出了决策问题所需的数据量，这会带来浪费。

针对一个决策问题，数据达到多少够用很难有一个科学的界定。在大数据时代，获得尽可能多的数据（决策素材）是一种直觉上的追求[1]，一般认为数据多多益善，但数据超出需要的数据量也是一种浪费。例如做决策时，数据（决策素材）越多越有利，或者至少要比别人更多，这样就可以比别人知道得更多，或者不会比别人知道得少。又如股票交易，与其他人相比，如果能拥有更多的历年交易数据，甚至拥有任何影响股票波动的数据（如新出台的政策、公司披露的信息、微博上发布的某一消息等），就能做出更好更准确的决定。

6.1.3 数据是否可用

数据是否可用是数据资产价值体现的第三个方面。数据是否可用主要指数据能否被使用，有以下两层含义。

（1）数据是否被允许使用：主要涉及数据权属和隐私、伦理方面的问题，没有权属的数据不允许被使用，会侵犯隐私、有悖伦理的数据也不允许被使用。

（2）数据能否被访问使用：主要涉及技术方面的问题，包括数据是否可以被访问、能否被机器读取、是否可编程等。在网络空间中，不可访问、不可机读或不可编程的数据皆不可使用。

有用的数据在够用的情况下，若遇到不可用的问题，那么数据资产价值也是无法体现的。数据不可用问题通常指数据无法访问或者不允许访问。例如，某个公共决策需要用到民政局、公安局、人力资源和社会保障局、税务局的数据，这些数据被存储在各部门，但是却不在同一个计算机系统里，是一个个“数据孤岛”，并不能用来做大数据决策，即数据实际上是不可用的。又如，一些交易系统只保留活跃用户的数据，不活跃用户的数据被存储到备份系统中，访问备份系统的数据是一件费时费力的工作，甚至是不可能的工作。

6.1.4 数据是否好用

数据是否好用是数据资产价值体现的第四个方面，可用的数据是否好用决定了数据价值的高低。数据是否好用的问题与数据质量有关，主要表现在以下两个方面。

（1）数据使用过程：在使用数据时若能十分方便地对数据进行访问、读取、编程，或能很好地使用现有技术分析挖掘数据，那么可以认为数据是好用的。

（2）数据使用效果：通过使用数据，可以很好地满足某个应用需求、达到预设期望，那么也可以认为数据是好用的。

对于有用、够用、可用的数据资源，其是否好用是需要面对和解决的问题。数据价值之所以难以体现或实现容易受到影响，很重要的一个原因是数据不好用，即数据质量有问题。例如，在信用判定应用中存在一些持卡人的登记信息缺失（如没有职业数据）或不正确（如收入数据不对）问题，这些问题直接影响了决策依据的获得，即数据不好用。又如，在战场环境中，由于受到敌方的有意伪装和干扰，获得的数据是非合作数据，数据质量更差，因此这些数据是很不好用的。

6.2 数据资产评价体系

基于数据资产价值体现的 4 个方面，结合数据来源是否真实有效、数据资源稀缺程度、市场需求等影响数据价值的核心因素，构建了数据资产评价体系。数据资产评价体系主要包括 4 个维度，即“四维法”：数据真实性评价、数据使用性评价、数据质量评估、数据价值确认等，如图 6-1 所示。

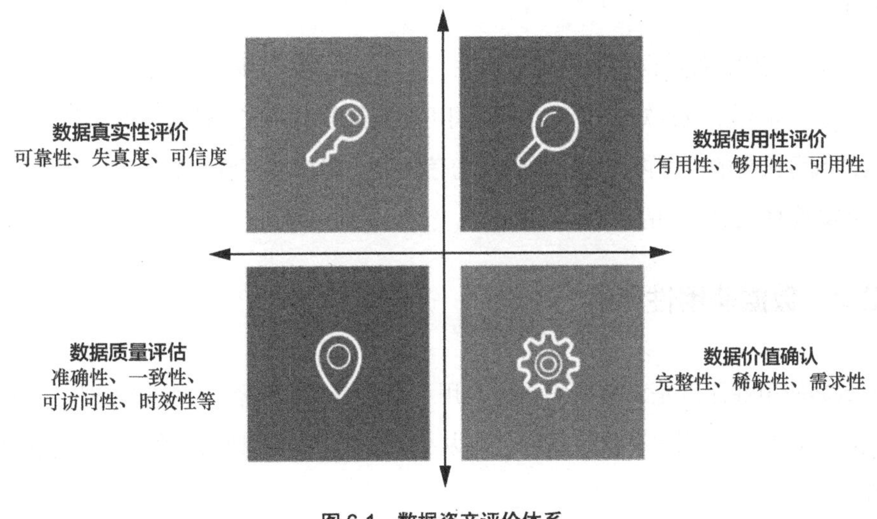

图 6-1　数据资产评价体系

6.2.1 数据真实性评价

数据真实性评价是从数据集是否有可靠来源、是否被破坏（包括增加、删除、修改数据）、是否能客观反映真实事物等角度开展评估和判定的。数据的真实性是数据价值的基础和前提，只有数据真实可靠，才能对其加以利用，从而挖掘出价值。

数据是否真实？可以从以下 3 个方面来评价。

（1）可靠性：对数据集的来源是否可靠进行判定，通过对数据集的所有者信息、备案登记信息、标识符、数据提供者信息、合法性等进行确认，评价数据来源的真实程度，从而确认数据的可靠性。比如对于某网页发布的数据的可靠性，可根据数据的发布者、服务器地址信息、备案信息、安全监测信息、网站认证信息、网站处罚和举报记录等进行判断，并给出评价结果。

（2）失真度：对数据集是否被破坏进行判断。若数据集被破坏到一定程度，则会导致数据与真实情况产生严重偏差，进而造成数据的失真。数据集在存储过程中会受到物理破坏，在传输过程中会受到外界干扰，在操作过程中会出现异常操作等，这些都可能对数据集造成破坏，使数据集有不同程度的缺损，进而引起失真。如果一个数据集能很好地反映真实情况，没有被增删改等，那么该数据集是齐全完备的，没有失真。

（3）可信度：对数据集的内容客观性、可证实性等开展评价。能客观反映事物、规范性强、来源权威且知名、产生的时间可核实的数据往往可信度较高。如果数据在已知或可接受的范围内，那么数据的可信度高。可信度评价一般针对非数值型数据，比如媒体信息、商品评价内容等。

6.2.2 数据使用性评价

数据使用性评价是对数据集是否有用、是否够用、是否可用进行评价。数据的使用性是数据资源内在价值所在，可从数据使用的角度评价数据集是否具备使用价值。

对于数据使用性的评价，可以从以下 3 个方面进行。

（1）有用性：对数据集是否有用做出判断，包括数据集自身是否具有价值、数据集适用的范围和对象、数据集的价值实现可能性等方面。数据价值因人而异，会受到应用需求和业务场景的影响，这体现了数据有用性的相对性。数据集有一定的适用性，特定的用户和领域更能体现、发挥数据集的价值和作用。对于一个数据集是否能实现其预期价值，以及价值实现的难易程度等，可以使用现有的技术、方法、资源等进行综合判定。

（2）够用性：对数据集是否够用进行判断。数据是否够用一般存在数据不够用、数据够用、数据超够用等情况。数据是否满足应用需求、能否达到预设期望是判断数据是否够用的依据。若某个数据集不能满足应用需求、不能达到预设期望，则说明这个数据集不够用；若某个数据集能够满足应用需求、达到预设期望，则说明这个数据集够用；在数据够用的情况下，若数据集能达到超出预期的效果，则说明这个数据集超够用。

（3）可用性：对数据集是否可用进行判断，包括数据是否被允许使用、数据能否被访问使用等方面。数据是否允许被使用更多涉及数据权属和隐私等方面的问题，数据能否被访问使用主要涉及技术方面的问题。可用的数据通常指能被访问、能被机器读取或可编程的数据。

6.2.3　数据质量评估

数据质量评估是对数据进行科学的统计和评估的过程，以确定数据是否满足生产、业务流程、应用的质量要求，是否能够实现预期用途[2]。数据是否好用与数据质量高低有关，数据质量的高低直接影响数据价值的大小，高质量的数据才能产生好的价值。

数据质量高低的衡量标准有很多，当前可供使用的质量评估维度就有 20 多个，其中常用的主要有以下 4 个。

（1）准确性：数据的正确性和可鉴别的程度。例如，某一用户希望开通一个网上银行账号，被要求提供本人身份证号码加以验证，如果证件号码被验证通过，则说明存储在数据库中的值是正确的。准确性需要一个权威性的参考数据源，从而将数据与参考源进行比对。

（2）一致性：存储在不同地方（数据库、数据仓库等）的同一数据在概念和使用上是等价的，具有相同的值或相同的含义。数据一致性通常指关联数据之间的逻辑关系是否正确和完整。

（3）可访问性：指数据能否被读取，或者数据被读取后能否被读懂。

（4）时效性：也称及时性，是一个与时间相关的维度。现实世界真实目标发生变化的时间与数据库中表示它的数据更新以及将其应用的时间总有一个时延。此外，数据从产生到获取再到利用，都可能有一个显著的时间差。

数据质量评估除了以上 4 个常用的维度，还包括相关性、适应性、可审计性、可读性、唯一性和授权等。

6.2.4 数据价值确认

数据价值确认指对数据的价值进行可靠测算，并给出相应值。数据价值确认是数据交易和流通的需要，更是数据资产化的要求。数据价值确认可以采用数据资产价值评估等方式。

影响数据价值的因素有很多，主要包括以下几个。

（1）完整性：指数据描述反映事物全貌的程度。积累的数据越多越完备，数据完整性越高，其潜在价值就越高。完整性高的数据集更能反映事物的概况及其发展规律，有助于提高人们认识事物的水平和能力，从而进一步发掘和创造出更多的价值。

（2）稀缺性：指其他机构或组织拥有相同或相近数据资源的可能性。数据的稀缺性越高，其商业价值潜力越大，可能带来的利益越多。有些数据资源生产和存储的成本非常高，使得该数据资源比较稀缺；有些数据资源本身具有独特性，使得该数据资源比较少有。

（3）需求性：指数据的潜在市场需求。数据的市场需求越高、用户支付意愿越强，其商业价值潜力越大。市场需求可以引导数据生产者对数据资源进行生产和开发，对数据资源的流动分配起到一定作用。

6.3 数据质量评估方法

良好的数据质量是实现数据价值的决定性因素之一。质量高的数据才能保证数据价值的挖掘和创造，质量低的数据可能会带来巨大的经济损失。数据质量的不稳定将使数据的可信度大大降低，进而造成数据的应用价值降低。影响数据质量的因素有很多，既有技术方面的因素，也有管理方面的因素。为了更好地掌握数据的质量情况，需要开展数据质量评估。

数据质量评估主要采用定性评估、定量评估和综合评估等方法。定性评估方法主要依靠评判者的主观判断；定量评估方法为人们提供了一个系统、客观的数量分析方法，其结果更加直观和具体；综合评估方法则是将两者加以结合的评估方法，充分发挥了定性评估方法和定量评估方法的优势[2-3]。

6.3.1　定性评估方法

定性评估方法通常依据一定的评价准则与要求，结合评价目的和用户对象的需求，从定性的角度对数据资源进行描述和开展评价。制定和建立相关评估标准和指标体系，由评价者（专家、用户、第三方等）对评估对象开展质量评定，并给出各种指标的评价结果（等级制、百分制等）。通常，定性评估标准和指标体系需由某领域的资深专家组或专业组织来制定和建立。定性评估方法包括用户反馈法、专家评议法、第三方评测法等。

（1）用户反馈法：由用户根据自身对数据质量的需求，参照评估标准或指标体系对数据资源开展质量评价。此方法中的用户是评价者，通常用户会获得相应的指标体系和评价指南，在评价机构的协助下开展数据质量评价工作。

（2）专家评议法：由某领域的专家组成评委会对数据的质量是否符合标准或满足需求给予评价。此方法中的专家是评价者，通常评价指标体系和方法都由专家进行设计，专家对数据进行质量评价，并给出评价结果。

（3）第三方评测法：由独立于数据买卖双方及数据管理方之外的机构或组织，依据建立的数据质量评价指标体系，按照一定的评价程序和步骤，开展数据质量评价，并给出评价结果。

6.3.2　定量评估方法

定量评估方法是从客观量化的角度，使用数量分析方法对数据资源进行优选并开展评价。定量评估方法使用的数据分析方法更体系化、更具客观性，给出的结果更加直观和具体。通过计算评价指标对网络空间中的数据资源质量开展定量评价。

以评价数据库中的文献数据质量为例，可以通过计算用户注册人数、文献下载量、文献在线访问量以及引用率等评价指标，开展对各个数据库收录文献质量的评价工作。

开展数据质量评估时，定量评估方法一般针对需要评测的质量维度，确定评估要素，进而给出定量化的评价指标，建立评价体系。根据定量评价指标，通过定量分析和测试，给出统计结果，得到数据质量定量评价结果。

6.3.3 综合评估方法

综合评估方法将定性评估方法和定量评估方法进行有机结合，发挥两者各自的优势，开展对数据资源质量的评价工作。综合评估方法包括层次分析（Analytic Hierarchy Process，AHP）法、模糊综合评价（Fuzzy Comprehensive Evaluation，FCE）法、云模型（Cloud Model，CM）评估法和缺陷扣分（Defection Subtraction Score，DSS）法等常用方法。

（1）层次分析法在 20 世纪 70 年代由美国运筹学家托马斯·塞蒂（T. L. Saaty）提出，是一种定性和定量相结合的、系统化、层次化的分析方法[4]。该方法在经济计划和管理、行为科学、军事指挥、医疗、教育、运输等领域都有广泛应用，在处理复杂决策问题上非常实用和有效。AHP 法的核心是对被评价的数据资源进行优劣排序、评价和选择，从而为评价主体提供定量化的评价依据。首先将复杂的问题分解成若干层次，建立阶梯层次结构；然后构成判断矩阵，进行层次单排序和一致性检验；最后进行层次总排序和一致性检验，得出结论。

（2）模糊综合评价法以模糊数学为基础，用于处理模糊性的质量问题，通过建立隶属函数对事物做出综合评价[5]。该方法在军事领域、信息安全、环境监测、天气预报等领域都有所应用并有不错的表现。FCE 法的核心是在确定评价因子及其权值的基础上，运用模糊集合变换原理，使用隶属度描述各因子的模糊界线，构造模糊评价矩阵，通过多层的复合运算，最终确定该评价对象所属等级[6]。采用模糊综合评价法的关键在于建立评价模型，评价模型由因素集、评价集、隶属度矩阵和权重集组成，之后进行复合运算就可以得到综合评价结果。

（3）云模型评估法将概率论和模糊集合理论结合起来，通过特定的构造算法，构造定性概念与其定量表示之间的转换模型，并揭示随机性和模糊性的内在关联性。CM 评估法比较适用于模糊性和随机性共存的质量问题[7]。首先建立评价标准、权重集和评价集；然后生成二级指标的综合云评估；最后进行指标集的综合评估，得出结论[2]。

（4）缺陷扣分法指计算并使用单位产品（数据或信息）的得分值来评估产品质量的方法[5]。该方法操作简单方便，但仅适用于部分专业领域（如对空间数据等结构化数据的质量评价），在需要对数据质量进行全面综合评价方面并不完全适用。根据缺陷的严重程度，缺陷被划分为以下 3 种：极重要质量元素不符合规定的严重缺陷、重要质量元素不符合规定的重缺陷，以及一般质量元素不符合规定的轻缺陷。使用 DSS 法进行质量评价时，首先需要根据缺陷扣分标准，得到单位产品的所有一级质量特征得分；然后计算单位产品的得分；最后划分单位产品的质量等级，得出结论。

6.4　数据资产价值评估

数据资产价值评估是对数据价值的测算和体现，是数据价值确认的重要方式。

与传统资产不同，数据资产兼具有形性、无形性、流动性、长期性等资产特征，是一种全新的资产类别。数据由现实世界的万事万物信息化而来，这造成数据资产的类别和形态千差万别，要用统一的标准对数据资产进行价值确认比较困难。而且，使用者和使用目的不同，导致数据资产的用途、交易环境、交易双方对资产的功能评价都不相同。从这个角度来看，数据资产的价值确认可以通过评估的方式给出。数据资产价值评估可以帮助企业发现数据中潜在的价值[8]。

现代资产评估始于 18 世纪末，随着经济社会的发展，评估对象从生活必需品发展到诸多领域甚至企业，从有形资产发展到无形资产，资产评估对提高交易质量、降低交易成本起到积极作用[9]。资产评估方法主要包括市场法、成本法、收益法 3 种方法及它们的衍生法[10]。从宏观上来看，数据资产价值评估可以沿用市场法、成本法、收益法。

6.4.1 市场法

市场法是指将市场上相同或相似的资产作为比较对象，分析比较对象的成交价格和交易条件，通过直接比较或类比分析进行对比调整，估算出被评估资产的价值的方法[9]。使用市场法进行资产评估时，需要一个充分活跃公开的交易市场，能够获取相同或相似的资产交易价格和相关指标。

对于已形成公开交易行情、市场化充分、交易环境条件较好的数据资产，可以采用市场法对其进行评估[10]。使用市场法评估数据资产时，首先需要选择市场上多个相似或相近的可参照数据资产，接着选择会对被评估数据资产的价值产生较大影响的因素作为被评估数据资产与可参照数据资产间的比较因素，再对两者的比较因素的差异进行量化和调整，最后综合分析并确定数据资产的评估结果，从而得到数据资产的价值。

$$\text{数据资产评估价值}=\text{可参照数据资产价值}\times\sum\text{修正系数} \tag{6-1}$$

$$\text{修正系数}=\frac{\text{被评估数据资产的比较因素值}}{\text{可参照数据资产的比较因素值}} \tag{6-2}$$

市场法在个人数据价值评估的相关领域已有一些较好的应用实践[11]。采用市场法对数据资产价值进行评估，不仅简单有效，而且能客观、真实地反映市场情况，接受度较高，但需满足一定的前提条件。

6.4.2 成本法

成本法是指先估测被评估资产的重置成本，同时估算已存在的各种贬损因素，而后在其重置成本中扣除各项贬值，进而得出被评估资产价值的评估方法[9]。使用成本法进行资产评估时，需要被评估资产是可再生或可复制的，随时间推移、价值贬损，对被评估资产的特征、结构、功能等方面要有充分准确的认识，并且被评估资产必须与假设的重置全新资产有一定的可比性。

数据资产具有可复制性，且复制成本远低于生产成本。虽然数据载体会老化，但数据本身不会损耗，这使得数据资产价值可能出现贬值或增值的情况[12]。当前，评估数据资产的价值时需要准确了解数据资产的特征、结构、功能等，而数据资产基本由多种类型的数据组成，这给数据资产价值评估带来了困难。基于此，成本法的适用范围较小，在某组织内部或评估协议特别约定等情况下可以使用。

$$\text{数据资产评估价值}=\text{数据资产重置成本}-\text{数据资产贬值} \tag{6-3}$$

数据资产重置成本是指在现行市场条件下，重新生产或购进与被评估数据资产相近或相似的数据资产所需的成本。数据资产贬值是指在此重置成本的基础上，因社会技术进步、经济环境变化、时效性和稀缺性降低等带来的数据资产的价值贬损。

采用成本法进行数据资产价值评估，方法简单易懂，更多的是从数据资产出售方的角度出发，需要对数据资产的特征、结构、功能等各方面有充分的认识和掌握，但是全面估算其价值贬损存在一定难度。

6.4.3　收益法

收益法是指通过测算被评估资产未来预期收益值并折算成现值，进而确定被评估资产价值的资产评估方法[9]。使用收益法进行资产评估时，需要被评估资产的未来收益、带来的未来风险及预期获利年限可以预测或计量。收益法较适合整体资产评估和以投资为目的的资产评估，侧重考虑资产的未来收益能力。

$$\text{数据资产评估价值}=\sum_{t=1}^{n}\frac{\text{数据资产各预测期的未来收益}}{\left(1+\text{折现率}\right)^{t}} \tag{6-4}$$

其中，t 表示预测期数。

随着时间的推移，数据资产存在不折旧反增值的可能性，这使得数据资产具备了成为优良投资资产的潜力。但由于数据资产的类别和形态千差万别，其计量存在一定困难，难以测算纯粹由数据资产产生的收益与风险。基于此，虽然采用收益法对数据资产进行评估具有一定的基础，但也存在一定的操作上的困难。

采用收益法进行价值评估更多的是从数据资产购买方的角度出发，需要对数据资产的未来收益、带来的风险及预期获利年限进行预测和计量，估算其未来收益以及带来的风险存在困难和主观性。

6.4.4 组合方法

数据资产独有的一些特性使得采用上述 3 种评估方法对数据资产进行价值评估时存在一定的局限性和不适用性，某一评估办法只能实现部分特定条件下具有某些特征的数据资产价值评估。

市场法、成本法、收益法 3 种评估方法之间存在一定的互补性。比如，采用收益法进行数据资产价值评估时，对于估算其未来收益以及带来的风险存在难度和缺乏依据，而如果能结合市场法，选择出可参照的数据资产，得到可参照数据资产的相关内容并将其运用到被评估数据资产上，就能确定被评估资产的收益价值；使用成本法得到的结果不仅对数据资产出售方有用，也有助于数据资产购买方的决策，在条件允许的情况下，数据资产价值评估可以采用成本法和收益法结合的方式。

总之，由于数据资产的多样性和复杂性，不同的数据资产可以选用不同的价值评估方法进行价值评估和确认。数据资产价值评估有其特殊性，现有评估方法及其衍生法、组合法还不能完全满足所有数据资产价值评估的需求。而且数据资产在计量计价、流通交易等方面仍存在诸多问题，因此需要设计针对特殊要求的数据资产价值评估模型[13]。在设计数据资产价值评估模型时，不仅需要考虑数据资产的内在价值（特别是数据质量因素），还需要从商业价值的角度考虑数据是否有用、是否够用、是否可用、是否好用等。

6.5 小结

从数据的使用角度来看，数据资产价值主要体现在数据是否有用、是否够用、是否可用、是否好用等方面。数据资产价值评价体系主要由数据真实性评价、数据使用性评价、数据质量评估、数据价值确认等构成。数据真实性评价要对数据集是否有可靠来源、是否被破坏、是否能进行客观反映等开展评估和判定；数据使用性评价要对数据集是否有用、是否够用、是否可用进行评价；数据质量评估要对数据进行科学的统计和评估，以确定其是否满足生产、业务流程、应用的质量要求，是否能够实现预期用途；数据价值确认要对数据的价值进行可靠的测算并给出相应值，当前主要采用的方式有数据资产价值评估。

参考文献

[1] 朱扬勇. 旖旎数据[M]. 上海: 上海科学技术出版社, 2018.

[2] 蔡莉, 朱扬勇. 大数据质量[M]. 上海: 上海科学技术出版社, 2017.

[3] 朱扬勇. 大数据资源[M]. 上海: 上海科学技术出版社, 2018.

[4] SAATY T L. Decision making with the analytic hierarchy process[J]. International Journal of Services Sciences, 2008, 1(1): 83-98.

[5] 蔡莉, 梁宇, 朱扬勇, 等. 数据质量的历史沿革和发展趋势[J]. 计算机科学, 2018, 45(4): 1-10.

[6] WANG S Y, XU W M, WANG J G, et al. A fuzzy sets model and its application in evaluation[J]. Journal of Mathematics for Technology, 1998, 14(4): 88-91.

[7] 李德毅, 刘常昱. 论正态云模型的普适应[J]. 中国工程科学, 2004, 6(8): 28-34.

[8] MIT Center for Information Systems Research. Data value assessment: recognizing data as an enterprise asset[R]. 2009.

[9] 肖翔, 何琳. 资产评估学教程(修订本)[M]. 北京: 清华大学出版社, 2006.

[10] MOODY D L, WALSH P. Measuring the value of information-an asset valuation approach[C]//Proceedings of the 7th European Conference on Information Systems. [S.l.:s.n.], 1999: 496-512.

[11] BEAUVISAGE T, MELLET K. Datassets: assetizing and marketizing personal data[M]//Assetization: turning things into assets in technoscientific capitalism. Cambridge: MIT Press, 2020.

[12] 朱扬勇, 熊贇. 数据学[M]. 上海: 复旦大学出版社, 2009.

[13] 叶雅珍, 刘国华, 朱扬勇. 数据资产化框架初探[J]. 大数据, 2020, 6(3): 3-12.

第7章
数据资产管理

任何资产都需要科学管理，资产管理是资产发挥价值和获得收益的保障，数据资产也一样需要科学管理。数据资产的独特性意味着数据资产管理需要相对独特的方法。本章介绍了数据资产管理的几个方面，主要包括数据资产目录、数据资产入库、数据资产折旧和数据资产增值。

7.1 数据资产目录

数据资产目录描述了数据资产的必备信息，用于明确数据资产类别、登记资产名目、界定管理范围，便于对数据资产进行检索、定位、获取、盘点等各种管理工作，从而提高数据资产管理效率与精细化水平。

7.1.1 目录的要求

数据资产目录是实现数据资产管理的基础，是开展数据资产识别、盘点、使用、变更等工作的依据。数据资产目录需要满足一定的标准要求，在特定范围（某一行业、某一组织等）内遵循统一的规范[1]，在数据资产目录编制中实现格式统一、名称通用。

结合行业及组织部门数据资产的特点，进行数据资产目录分类及编码规划。数据资产目录分类有很多种方式，大致可分为如下两种：

- 根据数据资产的时效性，可分为时序数据资产目录和非时序数据资产目录，见表 7-1；

表 7-1　以数据资产的时效性为依据的资产目录（模板示例）

编码	名称	估值	类别	配置规格	所属部门	保管人	入账时间	存储地点	时效属性			生产者	供应服务商	现状	备注
									是否为时序数据	有效时长	更新周期				

- 根据数据资产的来源，可分为外购数据资产目录和自产数据资产目录，见表 7-2。

表 7-2　以数据资产的来源为依据的资产目录（模板示例）

编码	名称	估值	类别	配置规格	所属部门	保管人	入账时间	存储地点	数据来源				现状	备注
									是否外购	生产者	购入价格	合规要求		

数据资产目录编码形式有很多种方案，只要满足规范要求，便于资产编目、查询、管理即可。数据资产目录编码可以是前段码为资产分类码、后段码为数据资产顺序码，也可以是前段码为日期、后段码为顺序码等。

描述单个数据资产的目录项，生成数据资产卡片，见表 7-3。单个数据资产的要素信息主要包括基本信息、购买信息、使用信息、价值变动信息等。其中，基本信息包括数据资产的编码、名称、所属类别、入账时间、配置规格、生产者（厂商）、安全等级、合规要求、获取方式、内容摘要、使用说明、更新周期等；购买信息包括数据资产的供应服务商、购置时间、购入价格、发票号码、经费来源等；使用信息包括数据资产的使用人、保管人及联系方式、存储地点、已用时间、主要用途等；价值变动信息包括数据资产的原值、账面净值、折旧信息、增值信息等。

表 7-3　数据资产卡片（模板示例）

基本信息			
编码		名称	
所属类别		配置规格	
生产者（厂商）		入账时间	

（续表）

获取方式		更新周期	
安全等级		合规要求	
价值		状态	
内容摘要			
购买信息			
供应服务商		发票号码	
购置时间		经费来源	
购入价格		报账单号	
使用信息			
所属部门		使用人	
保管人		存储地点	
保管人联系方式		已用时间	
主要用途			
价值变动信息			
原值		账面净值	
折旧信息			
增值信息			

遵循数据资产目录标准要求，更新管理数据资产目录。规范目录管理，制定编制标准、管理要求、管理权限、版本和发布机制，实现数据资产目录标准化，如形成数据资产目录编制指南、数据资产分类标准、数据资产编码要求等标准规则，指导数据资产目录编制和管理工作。定期更新数据资产目录，保证数据资产目录及时有效。定期盘点数据资产，结合数据资产的价值变化，对数据资产目录信息进行核查，查漏补新去旧。

7.1.2 目录编制

对于数据资产目录编制，需要制定工作机制，成立专门小组来负责数据资产目录的组织规划、编目审查、目录发布等工作。各职能部门明确本部门数据资产目录的组织实施人员，负责本部门的数据资产盘点、数据资产目录编制和维护更新等工作。

目录编制小组根据有关数据资产目录编制标准要求，结合所在行业和组织机构的特点，制定数据资产目录规划。各职能部门根据目录规划，开展本部门的数据资产盘点工作，按照数据资产目录要素信息，编制生成各类部门数据资产目录，提交目录编制小组进行审查。审查通过后，可正式在一定范围内发布、使用该目录。

7.1.3　目录管理

目录编制小组负责审查各部门提交的数据资产目录，并指定专人专岗汇集整合形成整个单位或组织的时序类、非时序类、外购类、自产类等数据资产目录。在审查过程中，若发现数据资产目录不符合要求或不规范，则退回相关职能部门修改完善后重新提交审查；若发现重复录入的数据资产，由领导小组负责协调明确数据资产最终归口部门，从而对数据资产管理目录对应内容进行更新。

数据资产目录的日常管理工作可由专人负责对接。可借助数据资产管理软件等工具来提高效率，协助完成数据资产目录的注册登记、编制提交、维护更新、发布查询等工作。相关技术部门应给予技术保障和支撑。

单位、组织及各职能部门都需定期开展所辖范围的数据资产盘点、估值等工作，及时更新和维护数据资产目录。在数据资产盘点过程中，需要对数据资产目录与数据资产的一致性、准确性以及使用状况等进行核查，若发现不一致等情况，要及时更新数据资产目录。在数据资产估值过程中，需要对数据资产当前的市场价值做出评估，得到数据资产价值变动信息，并更新至数据资产目录，从而更好地开展数据资产管理服务。

7.2　数据资产入库

根据建立的数据资产管理目录，对数据资产进行规范化整理，开展数据资产入库管理工作。数据资产入库不仅需要将数据资产存储到网络空间中并进行容灾备份，还需要开展数据安全管理和数据资产持续入库工作，将数据资产管理软件作为管理工具，有助于开展相关的入库管理工作。

7.2.1　数据中心/云存储

数据资产入库需要将数据资产存储到指定的存储设备中，并进行管理。数据资产的经济主体可以将数据资产存储到自有的存储设备（如自有的服务器等）中，也可以将数据资产委托存储在云服务供应商的云存储空间中。

通常，服务器会被存放在数据中心进行统一委托管理和维护。数据中心是数据传输、计算和存储的中心，汇集了各种软硬件资源和关键业务系统[2]。随着数据中心的发展，特别是云计算技术的出现，数据中心不仅提供服务器的统一托管与维护服务，更集运算能力和存储资源于一体，可在其内部搭建环境、开发功能、部署应用，为用户提供各种各样的服务。

随着技术的发展，将数据上传到云端进行存储变成一种常见的数据保管的方法。云计算是一种通过网络共享软硬件计算资源的方式[3]，通过这种方式，可以按需将计算资源和数据提供给计算机各终端和其他设备。借助虚拟化、分布式计算与存储等云计算技术，云存储可将众多存储介质整合为一个存储资源池，用户可根据需要向云服务供应商申请租用存储资源池内的存储空间用于存储数据资产。云服务供应商通常自建数据中心、搭建云环境、开发或部署云存储。云服务供应商拥有专业的存储管理技术和优势，能维护好系统的稳定性和存储内容的安全性，提供高性价比的云存储服务。

数据资产具有重要的价值，除了正常进行存储，还需要对其进行容灾备份，从而在发生各种灾难、系统故障和安全事故时，不至于丢失数据进而造成经济损失。相比于传统数据中心提供的备份服务，云服务供应商提供的数据备份服务更具经济性和高效性。通常，云存储备份主要有基于多副本和基于纠删码两种方案。基于多副本的云存储备份方案通过将数据存储为多个副本来确保用户数据的可靠性，这种方案简单直观、易于实现和部署，但需要的存储空间较大；基于纠删码的云存储备份方案以编码的形式将数据分为多个数据块，并将数据块信息融合到较少的冗余信息中，是一种基于编码的容错技术，这种方案需要的存储空间较少，但在读写数据时需要一些额外的计算开销。在需要对原始数据进行恢复时，两种方案各有特点，基于多副本的云存储备份方案只需下载其他副本中对应的数据就可以进行恢复；而基于纠删码的备份方案则需要利用冗余的编码块从已经被破坏的数据中恢复原始数据[4]。

此外，对于极其重要的和高价值的数据资产，还可以采用中立国备份的方案。但是，当前世界各国有收紧数据跨境的迹象，因此，中立国备份的未来发展有很大的不确定性。

7.2.2　资产管理软件

作为数据资产管理工具，数据资产管理软件能有效支撑数据资产管理的日常工作，协助数据资产部门或人员完成编制数据资产目录、填写数据资产卡片、将数据资产入库/出库、跟踪使用情况、盘点资产、估算价值等工作，规范管理流程，提高工作效率，降低管理成本。

数据资产管理软件可实现数据资产的分类管理，提供数据资产目录、资产入库、价值变动、权限设定等的管理功能。

- 数据资产目录管理功能。主要协助完成数据资产目录的注册登记、编制提交、维护更新、发布查询等工作。
- 数据资产入库管理功能。主要协助完成数据资产的入库存储、安全管理、持续入库等工作。其中，持续入库是指对在固定时间有入库更新要求的数据进行持续接收，并将其拼接到指定文件中。
- 数据资产价值变动管理功能。主要通过登记资产管理成本、数据应用收益情况，提供数据资产评估工具，开展对数据资产的估值工作，协助完成数据资产折旧和数据资产增值的管理工作。
- 数据资产权限设定管理功能。主要协助完成组织中的数据资产管理角色设定和管理工作。
- 数据资产智能分析看板功能。主要通过可视化的形式将数据资产的类别、数量、使用情况、价值变动等的统计视图进行呈现，并通过数据分布、访问状态等进行分析，挖掘热门数据和价值增长最快的数据。

7.2.3　数据安全管理

数据安全管理是指针对入库的数据制定相关的安全管理机制，构建安全管理体系，实施安全措施，执行数据安全审计，以防止数据泄露和破坏，保证经济主体的利益。

数据安全管理需要从两方面进行考虑，一方面是如何防止数据资产领用人将数据泄露到组织外部，另一方面是如何防止组织外部对数据资产进行窃取和破坏。

为了防止数据资产领用人将数据资产泄露到组织外部，需要制定数据防泄露机制，包括数据加密保护、数据监控保护、数据机密性保护等。数据加密保护是指在正常情况下采用密文形式对数据进行访问管控，对领用人的身份进行验证，通过验证后给予其角色权限范围内的授权。数据监控保护是指当发现数据被不正当使用时，存储着数据资产的载体（即数据盒）会启动自毁机制；数据机密性保护是指数据资产被非法控制时，启动抗逆向拆解机制。数据拼图是一种比较典型的造成数据泄露的方式，也是数据安全管理的重点和难点。数据拼图是指数据领用人通过多次获取数据片段来形成一个完整的数据资产，这会导致数据资产泄露[5]。动态跟踪数据片段的获取情况，分析数据片段集的整体覆盖性，保证数据泄露程度在可控范围内，并通过数据使用审计来判断数据资产使用过程与使用内容的合规性。

为了防止组织外部对数据资产进行窃取和破坏，需要制定数据保护机制，按照价值和敏感度，对数据资产进行分级分类[6]，明确安全管理过程中的数据保护等级，对敏感度高的数据采取脱敏等安全保障措施；建立管理手段与技术手段相结合的数据资产安全管理流程，对数据资产进行标识和定位跟踪，监控外部软件行为，维护软硬件设备，部署网络安全工具[7]，构建数据安全屏障；建立安全管理团队，明确相关人员的管理要求，确保数据资产安全可控。

7.2.4 持续入库

在大部分情况（尤其与时间相关的情况）下，数据资产入库管理中需要有数据资产持续入库的操作（也称增量入库操作），通常在固定时间对数据资产进行阶段性入库操作。数据资产持续入库管理在一些时效性数据资产中比较常见，包括如下几个方面：

- 对于证券行情数据资产，通常在每天交易结束后将当天的行情数据入库；
- 对于超市数据资产，通常在每天销售结束后将当天的销售数据入库；
- 对于野外考察数据资产，可以在每次考察结束后将数据资产入库，并不要求固定时间周期地对数据进行入库操作；

- 对于国家统计数据资产，则有按月入库、按年入库等多种形式。

开展数据资产持续入库管理时，需要保证有足够的存储空间用于存储这些数据，同时，将数据入库时需要能将其存储到合适的空间中，以保证数据的连续性。例如，证券交易所推出的一些收费的证券交易行情服务产品（如上海证券交易所推出的 Level-2 行情产品等）通常采用按年收费、证券行情数据逐步按时到位的方式，这类数据资产就具有持续入库的需求。在数据按时到位时，需要保证有足够的存储空间，由于这类数据是逐步到位的，为了保证证券行情数据的连续性，将数据入库时还需要将其存储到合适的空间中。

通常，开展数据资产持续入库管理时需要使用专门的资产管理软件进行数据资产的入库管理，从而保证对入库数据的持续性接收，并实现将其入库存储、拼接到指定的文件中等功能。例如，对某一区域的交通流量数据进行定期入库操作时需要使用专门的资产管理软件来完成，资产管理软件不仅要完成该交通流量数据的持续性接收任务，还要将接收到的数据拼接到指定的存放该交通流量数据的文件中，从而实现入库的交通流量数据的连续性和一致性。

7.3　数据资产折旧

资产都会折旧，数据资产的折旧情况有自己的特点。由于数据本身不会老化，数据资产的折旧通常不是数据不能使用了，而是数据的时效性出现问题，即时效性数据的某些价值随着时间的推移出现减损，有些数据的使用价值也会随时间推移逐步降低，甚至数据不再有用或者不再被人使用；此外，数据资产管理成本会随时间的推移持续产生并累积，这也会造成数据资产的折旧，甚至会出现管理成本超出其价值的情况。

7.3.1　时效性数据

时效性数据是指具有时间效力的数据，其某方面价值存在一定的“保鲜期”，即过了一定时间后会出现数据质量下降的情况，从而引起数据价值的减损，造成对应数据资产的折旧。

随着外部应用场景和空间发生更替，相应的数据质量出现下降。比如，20 世纪末 21 世纪初流行的光盘电话簿记录了千万条电话数据，由于时代的更迭，很多内容已发生变更或失效，所记录的电话号码已经不准确了，这造成电话簿数据质量下降，带来数据价值减损，导致对应的数据资产出现折旧。再比如，随着时间的推移，一些商店会由于内外部各种原因出现停止营业等情况，造成一些点评网站（如大众点评、Yelp 等）中的原有店铺数据失效，因此这类网站需要及时对相关数据进行更新维护，以保证其价值。

在特定时间和特定场景下，有些数据能非常准确和有效地反映客观事物的情况，但超出特定时间后，其数据质量可能会降低，导致数据准确性的下降甚至出现失效的情况。统计调研数据是比较典型的时效性数据，它有时效性的要求，只反映特定时间内所调查内容的情况，随着时间推移，相应数据的有效性会减弱甚至消失。例如 1995 年的全国学生体质与健康调研数据对于评价当下我国学生的身体素质和健康状况，以及作为出台当前相关政策的依据的价值并不大。类似地，医疗检验检查数据也有时效性要求，只能反映特定时间内病患的身体状况，对于诊疗而言，随着时间的推移，相应数据的有效性会减弱甚至消失。相比于早前（如一年前）的数据，最新的检验检查数据对于医生制定诊疗方案的参考价值会更大。此外，证明类数据也是有时效性要求的，在特定时间内能很准确地反映和证明相关内容，但超过特定时间后，其数据质量就存在下降的可能。比如当前征信中心每个月都会对个人信用信息基础数据库进行更新，因此个人信用报告的有效期一般会设在 30 天以内，有效期过后该份数据就会失效。

7.3.2 时效性使用

时效性使用是指在数据使用过程中，数据质量并没有随时间推移而发生变化，但数据的用途逐步减小，甚至出现完全无用的情况，导致数据价值出现减损，进而造成对应数据资产出现折旧。

证券行情数据是一种典型的具有时效性使用的数据。对于证券投资者来说，证券行情数据最大的用途就是能实时反映股票价格变动情况，是投资决策的重要参考。对于证券投资者而言，越早获得投资信息，获利的机会就越大，风险就越小。因此，很多证券交易所推出了能比普通情况下早几秒获得证券行情数据的收费产品。通常来说，15 min 前产生的证券行情数据对于现场进行股票交易的证券投资者而言，参考价值就不太大了。

交通流量数据也具有时效性使用的特点。对于城市管理者或出行者而言，交通流量数据的一个重要用途是及时反映道路运行状态和路况发展趋势，其是进行交通指挥、交通控制、路线推荐以及出行指导的重要参考和依据。城市管理者越早获得城市交通流量数据，就能越及时地发现、预警和处置交通事故等异常情况，避免交通拥堵，提高交通管理服务水平。出行者获得路况信息越及时，就能越合理地规划调整出行的时间和路线[8]。

与证券行情数据和交通流通数据类似，气象预报数据、空气质量监测数据、时事新闻数据等也具有时效性使用的特点。其中，气象预报数据根据时效性的长短分为短时预报数据、短期预报数据、中期预报数据和长期预报数据。短时预报数据指根据雷达、卫星探测资料，对局部地区进行实况监测，对未来 1～6 h 的气象状况进行预报，相关数据只用于短时气象参考；短期预报数据针对未来 24～48 h 的天气状况进行预报；中期预报数据针对未来 3～15 天的气象状况进行预报。

7.3.3　资产管理成本累积

数据资产管理成本是会持续性产生的。要使用数据资产，就需要对其开展维护工作，而只要开展数据资产维护工作，就会产生管理成本。数据资产维护工作不停止，这个管理成本就会持续地产生。管理成本的持续上升会对冲掉数据的价值，直到管理成本超出数据资产的价值，使得数据资产的价值对于企业来说不再有意义。

数据资产管理成本主要涵盖数据存储管理、数据资产目录维护、数据安全管理、数据备份等方面的运营管理支出。

在数据存储管理方面，若将存储数据的服务器委托给数据中心进行统一管理和维护，那么需要持续支付给数据中心的直接费用包括网络费用、机位费（机房建设成本等）、电力费用、基本管理费用、其他增值服务费用等。其中基本管理费用主要是机房定时巡检及配套设施定期维护保养等方面的支出。此外，若将服务器进行托管，需要自行购置服务器，其中磁盘等存储介质属于高损耗物品，其累积费用较高，也要将其纳入存储管理成本中；若是采用租用服务器的方式，就需要定期支出相应的租用费用。若将数据资产存储在云服务供应商提供的云存储空间中，需要根据存储需求按照对应服务的收费标准定期支付费用给云存储供应商，云存储的直接成本通常包括数据存储成本、数据访问成本、数据转移成本、数据传输成本等。

维护数据资产目录需要持续地支出数据资产管理软件服务费用、目录维护更新费用、人力成本费用等。对于数据安全、数据备份等方面的管理工作，也有很多费用需要持续支出，如各种软硬件设备的升级费用，购买专业服务等的运维费用、网络传输费用等。有些云服务供应商会为购买了云存储服务的客户提供云备份服务，供客户按需选择。通常供应商会根据客户所购的存储空间大小同比例赠送备份存储空间，当备份数据的存储空间超出赠送范围时，会对超出部分定期收取相应费用。

最后，还要考虑由于管理上的疏忽，数据存储设备被损毁，进而导致数据资产的损毁。虽然数据本身不会随时间的推移而出现老化的现象，但数据的载体会老化。对于存储在老化载体中的数据，若未能及时更换存储介质，那么这些数据将很难被读取或恢复。在这种极端的情况下，数据存在丢失的风险，很难再被使用，数据资产将可能折旧为零。此外，在长时间的存储和使用过程中，数据遇到诸如不可控因素破坏、人员误操作、病毒感染、黑客攻击等情况的概率将极大增加，数据可能会被破坏甚至丢失，从而降低数据的使用价值，造成数据资产折旧。

7.4 数据资产增值

随着时间的推移，数据资产除了会出现折旧的情况，其完整性可能会得到提升、新用途可能会被发现，从而出现数据增值的情况。同时，随着存储技术的发展和单位存储成本的下降，数据的存储管理成本下降，进而出现数据相对价值增值的情况。

7.4.1 时间推移带来的数据完整性提升

随着时间的推移，数据持续入库，累积的数据越来越多、越来越完备，使得数据的完整性不断提升，数据能更准确、更全面地描述和反映事物的概况，人们能更好地挖掘和掌握事物发展规律，数据价值得到提升。

对于大部分情况，数据持续入库会带来数据完整性的提升。例如，随着时间推移，大量证券行情数据被积累下来，从而形成中国证券市场中完整的交易数据集；再如，一个城市人口质量数据集，通过 10 年、20 年的持续跟踪调查，可以充分了解该城市人口质量发展状况；又如，长时间积累的医疗数据可以帮助医生和医疗机构尽可能多地掌握病人的病情、了解病情全貌，依据数据而非直觉判断来给出治疗方案，即通常说的病例越多，医疗水平越高。

从更大的范围来看，随着气象数据、卫星图像数据等数据的不断累积，相关气候变化数据的完整性得到提升，使得人类能更加深入地了解和掌握自然气候周期性变化的规律，从而能更加准确地预测和分析自然灾害风险。例如，利用积累的各类气候数据，通过大气动力学模型进行台风灾害模拟，引入不同气象场景，生成各种类型的台风目录，用于预测和评估潜在的可能造成的损失及风险，提前做好应对预案[9]。

7.4.2 时间推移带来的数据新用途

随着时间的推移，数据越来越多，并达到一定的规模，同时随着新技术、新需求的出现，数据的新应用场景被不断发掘。数据的新用途被发现，这将会给数据拥有者或数据管理者带来新的业务增长点，甚至形成新的业态。在这种情况下，数据资产不但不会折旧，反而可能增值。

电商平台为了向消费者提供购物服务，记录了消费者的收货信息、购买时间、商品信息、商品价格、付款方式、配送方式等购物数据。随着用户的长期使用，大量买卖数据被积累，通过分析这些数据可以获得用户的男女比例、消费习惯、个人喜好、地域特点等信息，进而可以了解全国消费结构、消费市场发展趋势、消费群体喜好和差异等，为政策制定、市场管理、企业发展、品牌营销、策略规划等提供依据，还可以发掘出购物数据的全新用途，带来新的业务和增长点，产生新业态。

打车平台为了向乘客提供打车服务，记录了乘客的出行时间、起始地点等出行数据。随着用户长期使用打车软件，上亿乘客的出行数据被平台积累，通过分析这些数据可以获得乘客出行频率、出行习惯等数据，进一步可以形成一个城市的人流数据地图，掌握人流集中的时间与地点等信息。如此庞大、精确、翔实、细致的数据除了用于打车服务这一初始用途，还可以被应用到商业地产或商业住宅的规划、O2O 的实体店布局、城市市政规划等全新的领域中，带来新价值，催生新的业务和增长点[10]。

医疗机构在对病人开展诊疗、治疗的过程中会产生并获得各类电子病历数据、医学影像数据等医疗数据。长时间积累的大量医疗数据不仅有助于医生更准确地给出治疗方案，还可以用来开展人口健康分析、流行病学研究等，如可用于队列研究，从而揭示疾病的病因、评价预防效果、揭示疾病的自然史、掌握人口健康状况等[11]。医疗数据对医保政策制定、公共卫生决策、医疗产业发展等都具有重要意义，因此应该努力挖掘分析医疗数据的潜在价值，从而为“健康中国 2030”提供服务。

随着时间推移，数据被发掘出新的用途，从而带来新价值的例子还有很多。例如，证券行情数据随时间不断积累，完整性不断提升，不仅可以用来反映股票价格变动情况，为股民开展投资决策提供重要依据和参考，还可以用来预测市场变化方向和发展趋势，对上市公司的市场策略制定和风险评估，以及对政府部门的政策出台都具有重要参考价值。车辆行车记录数据主要作为维护司机合法权益的证据，而长期积累的驾驶员的驾驶里程、驾驶时间、驾驶距离、加减速习惯以及常去地等行车记录数据，对于保险公司而言价值很高，基于这些数据，保险公司可以测算出这位驾驶员购买的车辆保险费用等。

7.4.3 存储技术发展带来的单位存储成本下降

随着存储技术的发展，数据存储的能力得到了极大的提升，单位存储成本得到极大的降低，这会让数据拥有者或数据管理者考虑尽可能多地积累数据，从而提升数据完整性，提高数据资产的价值。

数据存储介质经过较长时间的发展，出现了很多不同的类型，存储技术的发展使得存储器的容量和性能都得到极大的提升，同时存储器的体积不断缩小。例如，早期存储器，从字符级容量的穿孔纸带和纸卡，到 KB 级容量的磁鼓和磁芯，再到 MB 级容量的数据存储磁带机和磁盘机等，存储能力逐级提升。从动态随机存储器（Dynamic Random Access Memory，DRAM）的发明到商用化，集成电路存储器已逐渐在计算机存储中扮演越来越重要的角色。以计算机内存为例，扩展数据输出动态随机存储器（Extended Data Out DRAM，EDO DRAM）、同步动态随机存储器（Synchronous Dynamic Random Access Memory，SDRAM）的单条容量为 MB 级，而现在的 DDR3 SDRAM 容量已经可以达到 GB 级。随着硬盘作为计算机外部存储器出现，硬盘的体积不断缩小，容量、速度和可靠性大幅提高，容量也从早期的 MB 级发展到现在的 GB 级、TB 级。软盘和光盘曾是非常重要的计算机外部可移动存储器，软盘有 KB 级到 MB 级不等规格，光盘从 MB 级发展到 GB 级。随着集成电路存储器价格的降低和容量的快速增加，各类微型存储卡、U 盘以及芯片固态盘等容量在 GB 级、TB 级的存储器大量出现，满足了当前对移动存储器容量大、访问速度快的要求。

与此同时，数据存储介质的单位存储成本大幅下降。早期稀少昂贵的存储介质（如磁带等）主要用于科学研究，是当时研究机构中最值钱的资产，能存储 MB 级的数据。而当前，人们随时可以通过线上平台以 100～200 元的金额购置容量为 128 GB 的 U 盘等存储介质。以计算机内存为例，从 20 世纪 70 年代至今，每 MB 的价格已下降了近 9 个数量级，当前只需不到 5 美元的金额即可购买到 1 GB 的内存[12]。

7.5　小结

数据资产目录描述了数据资产的要素信息，数据资产目录的构建有利于提高数据资产的管理效率与精细化水平。建立好数据资产目录后，就可对数据资产进行规范化整理，开展数据资产入库管理工作。数据资产比较特殊，在管理过程中需要考虑折旧和增值的问题。随着时间推移，时效性数据的某些价值会出现减损，部分数据的使用价值也会出现逐步降低甚至消失的情况，同时数据资产管理成本是持续产生和累积的，这些都会引起数据资产折旧。此外，时间的推移还会带来数据资产完整性提升和新用途发现，同时存储技术的发展会使单位存储成本下降，从而带来数据资产价值提升的可能。

参考文献

[1] 全国信息技术标准化技术委员会. 政务信息资源目录体系 第 1 部分: 总体框架: GB/T 21063.1-2007[S]. 2007.

[2] 邓罡, 龚正虎, 王宏. 现代数据中心网络特征研究[J]. 计算机研究与发展, 2014, 51(2): 395-407.

[3] MILLARD C. Cloud computing law[M]. New York: Oxford University Press, 2013.

[4] 陈兰香. 云存储安全[M]. 北京: 清华大学出版社, 2019.

[5] 朱扬勇. 数据自治[M]. 北京: 人民邮电出版社, 2020.

[6] 中国信息通信研究院云计算与大数据研究所, CCSA TC601 大数据技术标准推进委员会. 数据资产管理实践白皮书(4.0 版)[R]. 2019.

[7] DAMA 国际. DAMA 数据管理知识体系指南(原书第 2 版)[M]. DAMA 中国分会翻译组译. 北京: 机械工业出版社, 2020.

[8] 何承, 朱扬勇. 城市交通大数据[M]. 上海: 上海科学技术出版社, 2015.

[9] THOMAS R, MCSHARRY P. 大数据产业革命: 重构 DT 时代的企业数据解决方案[M]. 张瀚文, 译. 北京: 中国人民大学出版社, 2015.

[10] 朱扬勇. 旖旎数据[M]. 上海: 上海科学技术出版社, 2018.

[11] 王笑峰, 金力. 大型人群队列研究[J]. 中国科学: 生命科学, 2016, 46(4): 406-412.

[12] 中国信息通信研究院云计算与大数据研究所, CCSA TC601 大数据技术标准推进委员会. 内存数据库白皮书[R]. 2019.

第8章 数据资产定价

数据资产定价是数据资产价值的一种货币计量，是数据价值确认的具体体现。数据资产定价是数据资产流通、数据产品流通、数据要素市场运行的前提，当然，数据流通交易也可以产生一个市场定价。数据资产定价受到很多因素影响。由于数据资产有其特殊性，在定价策略上除了采用基本定价策略，更多的是采用基于数据资产特殊性、价值性的定价策略，关于数据资产量化定价的方法正在探索中。本章介绍了数据资产定价策略和方法，主要包括定价因素、定价策略、市场定价分析，并介绍了一个数据资产量化定价的框架。

8.1 定价因素

数据资产价格制定受到多种因素影响，成本因素、市场结构因素、需求因素、竞争因素以及其他因素等都会对数据资产定价造成影响。

8.1.1 成本因素

数据资产的成本是定价时必须要考虑的因素，主要包括生产成本和管理成本两大方面。

数据资产是由数据组成的，极易被复制且成本较低，导致其生产成本主要集中在数据资产原始件的生产上。比如，大制作影片的成本动辄上亿元，比起后续复制的成本，更多的生产成本集中在影片原始件的生产制作上。数据资产管理成本主要涵盖数据存储管理、数据资产目录维护、数据安全、数据备份等方面的运营管理支出。显然，相较于数据资产生产和管理的固定成本，数据复制的变动成本要低很多，即数据资产是一类高固定成本、低变动成本的资产。

由于数据资产具有高固定成本、低变动成本的特点，且数据的流动性和传播性较好，容易形成规模效应。数据资产的复制件都是同质的，没有老化损耗的问题，在条件允许的情况下，可以根据需要不断复制生产，而复制生产的单位成本是趋同的。数据资产的这些特性使得卖者在策略得当的情况下获得高毛利率成为可能[1]。

8.1.2　市场结构因素

市场结构决定了卖者的定价自由度[2]。英国罗宾逊夫人在《不完全竞争经济学》中将市场结构划分为如下 4 种基本类型[3]。

完全竞争：也称“纯粹竞争”。市场上有众多的买者和卖者，他们交换的产品几乎是同质的，没有一个买者或卖者对市场价格有显著影响力。

完全垄断：市场上只有一个买者或卖者，进入市场的壁垒非常高。

寡头垄断：市场上只有少数大型卖者，产品基本同质或差别不大，进入和退出市场的壁垒较高。

垄断竞争：市场由许多按不同价格交易的买者和买者构成，进入和退出市场的壁垒较低。

对于数据资产而言，完全竞争的市场结构几乎是不可能的，寡头垄断和垄断竞争的市场结构比较多见，完全垄断也较常出现。

8.1.3　需求因素

用户需求是影响价格制定的重要因素。数据资产只有满足用户的需求，用户有支付意愿，才能卖得出去且卖个好价钱。

数据资产满足用户需求，主要包括两个方面。一是数据资产价值方面，即数据资产若对于用户而言是有用的、够用的、可用的，就满足了用户的需求；若对于用户而言是好用的，那这个数据资产就是“高价值”的。二是用户的感知价值方面，即用户对数据资产价值的认知程度，当设定价格高于用户所认识的价值时，需求就会减弱甚至消失。因此，要让用户知道数据资产具有哪些价值，用户才会对其价值有感知，才会有支付意愿。数据资产具有“体验型”特点，用户只有在使用或体验后才知道其价值高低。

从价格–需求关系来说，需求曲线显示出一定时期不同价格水平下的需求情况，一般来说需求和价格呈反向关系[2]。当数据资产需求富有弹性时，可以根据情况通过价格调整引起需求变动，从而获得更高的总收益。由于数据具有易复制性，数据资产生产的单位成本较低、传播性较强，这一特点会对数据资产的稀缺性造成影响，但反而会促使数据资产内容需求的增加，数据资产内容质量越高，价格就越高。

8.1.4 竞争因素

对数据资产进行定价时，需要考虑竞争对手的因素。买者往往根据具有同等竞争性的数据资产价格来判断某种数据资产的价值。竞争对手的战略、成本、价格，以及相关产品和服务等，都可以作为卖者自身定价的依据和参考。

当前占据市场领导优势甚至是处于垄断地位的卖者，也要有危机意识。在经济全球化及技术发展日新月异的大背景下，潜在竞争对手不仅来自同行，还很可能来自一些跨国、跨界、跨领域的非数据资源型企业，卖者要维持现有的领先优势，防止潜在竞争对手进入，就需要把现有优势转移到数据资产内容增值上，保持目前优势的长久性和持续性。

数据资产的边际成本很低，初期可以定价很高，但当利润大到吸引竞争者进入市场后，会出现大幅降价的情况，甚至会出现“零”价格的现象。为了防止数据资产价格趋于零，进而导致微乎其微的利润或负利润，在价格下行的情况下，卖者往往会采取措施限制供应量。这也是数据资产不可能有完全竞争的市场结构的原因。新经济中出现过以极低的价格甚至免费进行商品售卖的现象，这主要是依据此类商品的边际成本进行定价引起的。由于竞争，同质化的数据资产价格会出现快速下降甚至免费的情况。

8.1.5 其他因素

价格制定除了受到成本因素、需求因素、市场结构因素、竞争因素等的影响，还需要考虑其他因素，如政策因素、环境因素、组织因素等。

政策因素：很多国家为了维护市场秩序、保证公平竞争、保护消费者利益，颁布了相关法律法规，并监督定价的公平性。如美国的《谢尔曼法》《克莱顿法》《鲁滨逊–帕特曼法》，我国的《中华人民共和国反不正当竞争法》《中华人民共和国价格法》《中华人民共和国反垄断法》等。

环境因素：环境因素极大地影响着价格的制定，如外部经济环境的繁荣和衰退、各种日新月异的新技术的出现，以及治理管理的要求等都会对价格制定造成影响。

组织因素：企业自身实力、品牌、形象，以及期望的目标价格等都会影响价格的制定。

8.2　定价策略

基于影响定价的因素，卖者可以采用不同的定价策略来制定价格。定价策略可以多种多样，但核心目标是通过定价来获取利润、提高市场占有率、应对竞争等，从而保证卖者的利益最大化。

8.2.1　基本定价策略

通常情况下，会将价格区间设置在生产成本和用户的价值感知这两个极端的价格之间，然后依据其他外部因素给出具体价格。除了特殊的战略目的，低于成本的定价不会长久，这是因为卖者不仅无利可图还会带来损失。因此，生产成本限制了价格的下限。此外，若用户认为价格超出了价值，就不会购买数据资产，因此用户对数据资产的价值感知限制了价格的上限。

有 3 种基本的定价方法：成本导向定价、竞争导向定价和顾客价值导向定价。

（1）成本导向定价是以成本为基础的定价方法，通常以数据资产及其相关产品为导向，根据要生产的产品所需的成本（如生产、运营、销售等成本），结合目标回报率来制定价格。这个价格通常是要能弥补成本并实现目标利润的。成本加成定价、盈亏平衡定价、目标利润定价等都属于成本导向定价的方法。

（2）竞争导向定价是以竞争为基础的定价方法，通常以竞争对手为导向，根据竞争对手的战略、成本、价格，以及数据产品和服务等制定价格。通常，竞争性数据产品是买者评价某种数据产品价值的依据。

（3）顾客价值导向定价以顾客需求和价值感知为导向，根据顾客的感知价值制定目标价格，再根据目标价格来指导数据产品的生产，从而满足顾客的需求。高价值定价、价值增值定价等都属于顾客价值导向定价的方法。

8.2.2 基于价值的定价策略

对于数据资产的使用价值，不同的用户有不同的评价。基于此，对不同的顾客采用不同的定价策略。

1920 年，英国著名经济学家阿瑟·赛西尔·庇古（Arthur Cecil Pigou）提出价格歧视理论，包括一级价格歧视、二级价格歧视、三级价格歧视。之后，有经济学家给这 3 类价格歧视取了一个更生动的名字，即个性化定价、版本划分、群体定价[1]。

（1）个性化定价，即以不同的价格向每位用户出售数据资产及其相关产品。在互联网上，即便要面对众多对象，这种“点对点”的精准定价也比较容易实现。平台网站通过用户的网站历史行为数据、社交关系、兴趣点等数据更精准地了解和分析用户的需求和喜好，从而给出个性化的价格。如谷歌（Google）、百度等网络平台都给顾客投放个性化的精准广告；汤森路透（Thomson Reuters）等数据提供商针对客户特征定制价格等。

（2）版本划分，即以不同的版本、不同的价格向不同的市场提供数据资产。根据不同的维度（如分辨率、操作速度、格式、容量、完整性、打扰等）对数据资产进行版本划分，并给出不同的定价策略。例如，Netflix 等在线电影服务提供商根据视频的不同分辨率划分了 3 个不同的版本，并给出不同的价格，分别是无高清 8.99 美元/月、高清 12.99 美元/月、超高清 15.99 美元/月；对于爱奇艺等视频网站，用户开通 VIP 会员后，观看视频就不会被广告打扰。其中，捆绑是一种特殊的版本划分形式，如 Microsoft Office 就为不同的用户群体划分了不同的版本，包括专业版、小型企业版、家庭学生版、标准版等，以 Microsoft Office 2019 的家庭学生版和专业版为例，家庭学生版只有 3 个组件（Word、PowerPoint、Excel），专业版除了这 3 个组件，还增加了 Access、Publisher 等，从而满足不同的用户需求；不同版本的价格也不同，可采用一揽子定价策略等来制定价格。

（3）群体定价，即对不同群体的消费者设置不同的价格。不同群体对数据资产的价值认识存在偏差。针对价格敏感的消费群体（如老人和学生群体等）可采用折扣与津贴定价策略，给出一定的价格优惠，比如 Apple Music 就开设了学生价格（即对学生打折）。此外，地理位置也是划分群体的一个依据，可以采用地理定价策略、国际市场定价策略等，根据不同的国家、地区来设定价格，如许多软件产品等采用本土化定价方式。数据资产存在网络效应，即数据越多效果越好、效果越好数据越多，我们称其为“数据引力效应”，这类似于经济学中的“正反馈”。在这种情况下，用户的转移成本会被提高，从而使用户的忠诚度得到提升，能更好地锁定用户。

8.2.3　基于独特性的定价策略

数据资产是否具有独特性会影响定价时采用的策略和方法。

当市场上存在与某个数据资产同类同质的产品，且该数据资产与其他数据资产在效果上差异不大时，就不具有独特性。通常，如天气温度测量数据、电话黄页等通过采集现实空间数据形成的数据资产，以及企业工商信息数据、证券行情数据、新闻资讯数据等通过公开方式获得的数据资产等数据相对易得或生产模式易重现的数据资产，都较难具有独特性。这种情况下，卖者可采用的战略是利用数据的规模效应来占据更多的市场份额，从而获得成本和价格优势，快速占领市场，形成市场领先优势。具有实力的领先者可以采用低价策略，先发制人地占领市场，比如采用市场渗透定价策略等。先期占领市场的领先者为了巩固已有的市场地位，在价格方面，通常采用不定期降价的方式来警告潜在进入者，以表明其捍卫地位的决心。但这并非长久之计，而且新竞争者进入后的降价最后很可能会引发价格战，这样势必会对市场结构造成破坏，因此掠夺性定价被多国法律禁止。领先者要考虑的是如何在现有的优势基础上，提高数据资产的独特性，使之价值更高，与其他产品差别化，如企查查科技有限公司在提供企业工商信息数据服务的基础上，增加了很多增值服务，使其在同行中脱颖而出，保持领先。

当某个数据资产在市场上很少有，甚至占有垄断地位时，该数据资产就具有独特性。在这种情况下，卖者原则上可以制定很高的价格以获得高额利润，但高利润必然吸引更多的潜在进入者，进而有损卖者领先的市场地位，因此有时候卖者会采用限制性定价策略，即短期牺牲一部分利润，制定的价格不足以对潜在进入者形成吸引力，这是一种短期非合作策略性行为。卖者虽然拥有具有独特性的数据资产，但也要有警觉性，要多关注新技术的发展和市场需求的变化，确保独特性是被需要的，优势是长期稳定的。

8.3 市场定价分析

当前，数据市场正处于蓬勃发展阶段，已有一些数据资产及其相关产品在自由市场进行交易和流通，也形成了一些数据交易市场，如实时数据交易市场 BDEX，AWS Data Exchange、Qlik DataMarket 等国外数据交易市场，以及贵阳大数据交易所、上海数据交易中心等国内数据交易机构等。在数据资产及其相关产品的交易中，可采用的定价策略和方法有很多。除了第 8.2 节中介绍的定价策略，还有基于未来收益的不确定性，数据资产买卖双方可以采用协商价、销售分成等协议定价策略；一些有实力的数据产品出售方可采用市场撇脂定价法，通过高昂的初始价格和一段时间后的降价，逐层获取市场收益；还有采用非合作博弈、斯塔克尔伯格博弈、讨价还价博弈等博弈论的定价模型等。

数据产品以数据的形式存在，具有易复制性、可共享性的特点，流动性和传播性非常好，容易形成规模效应。数据产品的所有权和使用权是可以分离的，这使得在运营数据产品的过程中一般不需要转移所有权，只需获得包括使用权、转授权（分许可）等在内的相关权利，就可实现数据产品的共享，这是创造共享经济的关键所在，也是整个数字经济的关键推手。授权指版权拥有者将部分权利进行让渡，被授权方通过授权获益，并按一定比例将获得的收益以支付版税的方式转给授权方，因此，每次授权都应该有一个定价。数据产品授权的定价包括协议定价、明码标价两种方式[4]。

8.3.1 协议定价

协议定价是指买卖双方通过协商对数据产品的价值达成一致认可，从而确定数据产品价格的方式。在买卖双方对数据价值评价不一，以及对未来收益不确定的情况下，更多采用协议定价的方式。

在数据产品交易过程中，协议定价更多发生在数据产品源和数据产品运营平台之间。数据产品运营平台通过协议的形式大批量、多渠道获取数据产品源的版权授权，并采用协商价、销售分成、公允价值等策略支付相关费用。例如，苹果（Apple）与唱片公司等音乐版权方签订协议获取音乐版权授权，采用销售分成的方式，将 iTunes 音乐商店售出每个音乐数据产品费用的 70%～75%支付给版权商。又如，Amazon Prime Video 会一次性买断一些影视作品的版权，如热播剧《穹顶之下》的独家在线播放权、《唐顿庄园》的独家网络版权等。协议定价也可以面向终端用户，如 Shutter Stock 在线图像交易平台会根据企业用户的不同项目、不同需求和不同预算等给出相应的协议定价。

8.3.2 明码标价

明码标价是指卖者公开标明数据产品的价格的方式。在数据产品交易过程中，明码标价更多面向终端用户。由于终端用户人数众多，协议定价手续麻烦，并且不同的协议价格还会扰乱市场，因此各数据产品运营平台基本采用明码标价的方式，如会员制免费、按件付费、订阅付费等。终端用户从平台获得的数据产品的授权是受限的使用权，通常称为“许可使用”，仅授予用户一项使用内容的许可。例如，Kindle 允许用户在应用和阅读器上阅读、做笔记、搜索等，不允许对电子书的内容进行打印和复制，更不许转卖、出租、分发和传播电子书。

表 8-1 给出了部分典型行业数据产品明码标价的定价机制。

表 8-1　部分典型行业数据产品明码标价的定价机制

数据产品类型	平台	定价机制
音乐	iTunes 音乐商店	采用按件付费模式：每首歌曲统一定价 99 美分（2007 年前）
	Spotify	采用免费增值服务模式（基本服务免费，增值服务通过订阅收费），提供不同音质的流媒体音乐：免费的 Spotify Free（160 Kbit/s）和订阅收费的 Spotify Premium（320 Kbit/s 以上）
	Apple Music	采用在线订阅收费模式：个人订阅的费用是 9.99 美元/月，全年订阅价是 99 美元/年，家庭订阅价是 14.99 美元/月，学生订阅价是 4.99 美元/月
影视	Netflix	采用会员制订阅方式，以流媒体推送视频的分辨率为基准定价方式：无高清 8.99 美元/月、高清 12.99 美元/月、超高清 15.99 美元/月等
	Google Play Movies & TV	采用按件进行影视数据产品的售卖或租赁的统一定价方式
图片	Getty Images	根据图片分辨率和授权模式的不同给出不同的定价
	Shutter Stock	采用订阅付费、按需定制等多种收费模式售卖在线图片
电子书	Kindle Store	采用付费下载、订阅付费（Kindle Unlimited）、会员免费借阅（Prime Reading）等定价方式
	Google Play Books	采用按件付费下载等定价方式
网络小说	Wattpad	采用在线免费阅读、按章节付费、整个故事付费等定价方式
	起点中文网	采用在线免费阅读、按章节付费、整个作品付费、部分免费阅读等定价方式

8.4　数据资产量化定价框架

数据资产量化定价对于市场透明度及效率的提高都非常重要[5]，但当前的数据资产定价缺乏量化模型[6]。数据资产的度量是数据资产进行有效会计处理、流通交易的前提，是数据资产化的关键环节。由于数据的特殊性，现有方法大多不满足测度（Measure）的性质，因此在度量数据资产方面存在一定缺陷。有必要基于测度论，给出一个满足测度性质的数据资产量化定价框架模型。

8.4.1　背景和意义

数据资产度量方法的匮乏是造成数据资产定价难以量化的重要原因之一。如果可以完成数据的度量，那么数据资产就可以像许多普通实物商品那样进行“枚举”，这样许多以往的传统定价策略和方法就可以被应用到数据单价的确定上，从而可以进一步得到合理的数据集的总价。数据度量标准是独立于数据消费者和数据提供方的，有利于买卖双方达成对数据资产“容量”的共识。数据度量的形式和维度比较多样，包括离散型、连续型、组合型等。比如，音乐数据产品由若干首歌曲组成，图片数据集（如 ImageNet）由若干张图片构成，医疗数据集则由若干个病人的诊疗记录构成等，这些数据均可以抽象为一个离散的有限集合；游戏玩家的在线时长、直播平台的数据流量等是根据使用量、使用时长等连续型变量来刻画的；有些数据集可能难以采用单一变量进行刻画，需采用更复杂的组合型变量来刻画。实现数据度量和数据单价的解耦将更有利于对数据资产定价量化的探索，进而推动数据资产会计处理等问题的解决。

当对数据资产开展规模化市场运行时，就对数据资产量化定价提出了新要求。很多成功的应用实践实现了量化定价。以离散型的数据资产为例，其均可用一组离散的数据点来表示，从而构成一个离散的数据点集，在确定数据单价后，就可以得到数据集的总价。比如 iTunes 音乐商店里的所有音乐可以构成一个离散的数据点集，其在 2003 年采用了全库统一单曲价格为 99 美分的定价方案；2007 年采用分层次差异化单元定价方案：基础单曲价格为 99 美分、部分高热度单曲价格可提高至 1.29 美元，单个基础专辑价格为 9.99 美元，如果专辑内单曲总价不到 9.99 美元，则取专辑中的单曲总价。

数据资产量化定价的关键是数据度量和数据单价。数据资产量化定价的实现将会对市场透明度的提高、市场公平性的维护起到积极作用。当前很多在线数据集、API 的交易平台通常会给每个数据集标一个总价，而消费者往往较难判定这个数据集到底包含了多少数据以及这些数据的单价是多少。比如，对于索引页中的某个数据集，其包含的数据较少，总价较低，更容易获得消费者的青睐，进而提高购买率。

但事实上这个数据集的每个数据单价可能比其他竞品的单价要高，这将会对平台的公平性造成影响。如果平台在显示数据集总价的同时，也显示每个数据条目的单价，则更易于消费者发现数据集的价值。一般来说，单价高的数据集意味着更好的数据质量。基于此，消费者将更容易地选到合适的数据产品[7]。

8.4.2 基于测度的定价模型

（1）离散数据空间上的测度

许多数据资产量化定价应用是离散型的，可用一组离散的数据点来表示，其构成了一个离散的数据点集。因此，可研究由离散的数据集合构成的可测空间及其上的测度，进而利用积分给出定价框架。

首先，回顾一下测度论中的一些基本定义与符号。如果两个集合间的元素可以建立一一映射，则称两个集合等势；与自然数集等势的集合为可列集。给定集合 X，记 $\mathcal{F}$ 是 X 的 σ- 代数，其中包含了 X 的部分子集。$(X,\mathcal{F})$ 构成了一个可测空间。取非负集函数 $\mu:\mathcal{F}\to[0,\infty]$ 满足对于任意可列个不相交的集合 $A_i\in X$，有 $\mu\left(\sum_{i=1}^{\infty}A_i\right)=\sum_{i=1}^{\infty}\mu(A_i)$（可列可加性）且有 $\mu(\varnothing)=0$（其中 $\varnothing$ 表示空集），则称 μ 为一个测度。三元组 $(X,\mathcal{F},\mu)$ 构成了一个测度空间。关于 μ 的积分可以表示为：

$$F(A)=\int_A f\mathrm{d}\mu \tag{8-1}$$

接着，定义论域，即数据点集 X。定义 $X=\{x_1,\cdots,x_n\}$ 为数据点的集合，其中 x_i 表示一个数据点，其具体含义可根据应用场景而定。一个数据集或数据产品可以由若干个数据点组成，即数据集 D 是 X 的一个子集。X 的全体子集构成了其 σ- 代数 $\mathcal{F}=2^X$。记 μ 为测度，则 $(X,\mathcal{F},\mu)$ 构成了一个测度空间。

这里给出 μ 的两种形式。

- $\mu(D)=\#(D)$（计数测度），即 D 的测度为 D 中元素的数量。
- $\mu(D)=\sum_{x_i\in D}a_i$（广义计数测度），其中，$a_i$ 为一个关于数据点 x_i 的非负实数。

给定函数 $f:X\to\mathbf{R}$，则在 $D\in\mathcal{F}$ 上的积分定义为：

$$F(D)=\int_D f\mathrm{d}\mu \tag{8-2}$$

式（8-2）中被积函数 f 对应的是单位价格函数，可以通过不同的定价模型确定。

（2）连续数据空间上的测度

除了可以用若干离散的数据点来表示，许多数据资产量化定价应用是根据使用量、使用时长等连续型变量来刻画的，因此需考虑连续的数据资产量化定价应用构成的可测空间及其上的测度与积分。特别地，在实际应用中，使用量、使用时长等变量通常是非负的，因此考虑了半直线上的 Lebesgue 测度与 Lebesgue 积分。

由于在实际应用中，使用量、使用时长等变量通常是非负的，假设其都有相同的形式，即半直线 $R^+=[0,+\infty)$。令 $\mathcal{B}$ 为 R^+ 上的 Borel 集，即由 R^+ 所有开区间生成的 σ- 代数，$(R^+,\mathcal{B})$ 构成了关于连续数据资产的一个可测空间。定义其上的测度为 ν，则 $(R^+,\mathcal{B},\nu)$ 构成了一个测度空间。这里可以采用 Lebesgue 测度进行表示，即对于区间 (a,b)，其测度为区间的长度 $\nu\left[(a,b)\right]=b-a$。此外，在实际应用中，使用量或使用时长的集合 M 通常是由若干个不相交的区间构成的，即 $M=\bigcup_{i=1}^{m}(a_i,b_i)$，其测度为 $\nu(M)=\sum_{i=1}^{m}b_i-a_i$。

类似地，给定函数 $g:R^+\to R$，则在 $M\in\mathcal{B}$ 上的积分（即 Lebesgue 积分）定义为：

$$G(M)=\int_M g\mathrm{d}\nu \tag{8-3}$$

同样地，式（8-3）中的函数 g 表示单位价格函数，可以通过不同的定价模型确定。

（3）乘积数据空间上的测度

前面介绍了离散型与连续型的数据资产量化定价的测度空间，其仅仅关联单一的变量。但在实际应用中，许多数据资产有着更复杂的量化定价方式，单一变量可能不足以刻画。最常见的一个例子就是数据产品会分被为若干个级别，不同级别的商品有着不同的量化定价方式。因此，需研究关联多个变量的数据资产构成的乘积可测空间与乘积测度。

不失一般性，这里只讨论两个空间的乘积。首先考虑两个离散的测度空间 $(X_1,\mathcal{F}_1,\mu_1)$ 与 $(X_2,\mathcal{F}_2,\mu_2)$，其乘积空间的测度空间为 $(X_1\times X_2,\mathcal{F}_1\times\mathcal{F}_2,\mu_1\times\mu_2)$，其中，$X_1\times X_2$ 为 X_1 与 X_2 的笛卡儿积，$\mathcal{F}_1\times\mathcal{F}_2$ 为 $X_1\times X_2$ 的 σ- 代数。由于 X_i 是有限集合，因此 $\mathcal{F}_1\times\mathcal{F}_2$ 也是 $\mathcal{F}_1$ 与 $\mathcal{F}_2$ 的笛卡儿积。$(X_1\times X_2,\mathcal{F}_1\times\mathcal{F}_2)$ 构成了乘积可测空间，

其上的乘积测度 $\mu_1 \times \mu_2$ 被定义为一个满足如下性质的测度：

$$(\mu_1 \times \mu_2)(D_1 \times D_2) = \mu_1(D_1)\mu_2(D_2), \forall D_1 \in \mathcal{F}_1, D_2 \in \mathcal{F}_2 \tag{8-4}$$

若 $(X_1, \mathcal{F}_1, \mu_1)$ 与 $(X_2, \mathcal{F}_2, \mu_2)$ 均 σ- 有限，则乘积测度 $\mu_1 \times \mu_2$ 可被唯一确定。前面讨论的计数测度与广义计数测度均满足 σ- 有限。

在集合 $D \in \mathcal{F}_1 \times \mathcal{F}_2$ 上的积分为：

$$\int_D h \mathrm{d}(\mu_1 \times \mu_2) \tag{8-5}$$

其中，$h: X_1 \times X_2 \to \mathbf{R}$。

类似地，对于一个离散测度空间 $(X, \mathcal{F}, \mu)$ 与一个连续测度空间 $(R^+, \mathcal{B}, \nu)$ 的乘积空间，其测度空间可以表示为 $(X \times R^+, \mathcal{F} \times \mathcal{B}, \mu \times \nu)$，积分表示为：

$$\int_T h \mathrm{d}(\mu \times \nu) \tag{8-6}$$

其中，$T \in \mathcal{F} \times \mathcal{B}$，$h: X \times R^+ \to \mathbf{R}$。需要注意的一点是，测度 $\mu \times \nu$ 可能是不完备的，需要进行一定的完备化，即 $(\mu \times \nu)(\varnothing \times M) = \mu(\varnothing)\mu(M)$ 对于任意的 $M \in \mathcal{B}$ 成立。但若 M 取不可测集（如 Vitali 集），则测度 $\varnothing \times M$ 未定义。但在实际应用中，由于关于使用量的集合总是区间的并集，直接使用 $\mu \times \nu$ 不会带来问题。

8.4.3 基于测度空间的量化定价

（1）离散数据空间上的定价

例 1：设集合 X 由若干条记录构成，即 $X = \{x_1, \cdots, x_n\}$。X 的子集构成了不同的数据集。取 $A = \{x_1, x_2, x_3\}$、$B = \{x_3, x_4, x_5\}$、$\mu(D) = \# D$，则 $A \cap B = \{x_3\}$，从而 $\mu(A \cup B) = \mu(A) + \mu(B) - \mu(A \cap B) = 3 + 3 - 1 = 5$。因此，同时购买数据集 A 与 B 时，在该框架下，$\{x_3\}$ 避免了被重复计费。

例 2：在按流量计费的网络中，设 X 表示全体文件构成的集合，a_i 表示文件 x_i 的字节数，D 表示传输的文件集合。取 $\mu(D) = \sum_{x_i \in D} a_i$ 为文件集合的总字节数，$f = \mathrm{c}$ 为常值函数，表示单字节的价格，其中 c 为一个常数，则积分 $\int_D f \mathrm{d}\mu = \mathrm{c} \cdot \sum_{x_i \in D} a_i$ 表示传输该文件集合所需的花费。

例 3：设集合 X 表示 PPC 广告系统中所有广告的集合。为方便讨论，取单元素集合 $A = \{x_i\}$。显然，广告按点击次数收费，即 x_i 被点击两次与仅被点击一次是有差别的。这里，可以用积分来解决这个问题。取f为从集合X到自然数集$\mathbf{N}$的映射$f{:}X\to\mathbf{N}$，满足$f(x_i)=n(x_i)\times c(x_i)$，其中，$n(x_i)$表示广告$x_i$的被点击次数，$c(x_i)$表示广告$x_i$的价格，则积分$\int_A f\mathrm{d}\mu\sum_{x_i\in A}f(x_i)=\sum_{x_i\in A}n(x_i)\times c(x_i)$表示 PPC 广告系统中广告的计价策略，这里$\mu$可取（广义）计数测度。

例 4：在订阅机制中，设X表示所有的订阅档次，从集合X到自然数集$\mathbf{N}$的映射$f:X\to\mathbf{N}$表示订阅次数，则对于订阅集合D，其积分$\int_D f\mathrm{d}\mu$表示订阅的总花费，这里μ可取（广义）计数测度。

例 5：在 iTunes 音乐商店中，设X表示全体音乐的集合，$\mu(D)=\#(D)$表示计数测度，其中，D表示由若干首歌曲构成的集合。f为常值函数，取$f=0.99$。则对于集合D，其积分$\int_D f\mathrm{d}\mu=0.99\times\#(D)$表示 iTunes 音乐商店早期的定价方式。若$X$可被分为多个不相交集合$X=X_1\cup\cdots\cup X_m$，且令$f(x)=\begin{cases}0.99, x\in X_1\\1.29, x\in X_2\\\quad\cdots\end{cases}$，则$\int_D f\mathrm{d}\mu$可以表示 2007 年后 iTunes 音乐商店的差异化定价方案，其中单位价格（如 0.99 美元、1.29 美元）可以根据歌曲品质给出。

（2）连续数据空间上的定价

例：在基于使用时长的系统中，$g=\mathrm{c}$为常值函数，表示单位时间的价格，其中，c 是一个常数；用户使用的时间段构成的集合为M，则 Lebesgue 积分$\int_M g\mathrm{d}\nu=\mathrm{c}\cdot\nu(M)$表示用户根据在线时长需要缴纳的费用，其中，$\nu(\cdot)$表示 Lebesgue 测度。

（3）乘积数据空间上的定价

例 1：Amazon Prime Video 实行会员准入制，具体见表 8-2。设X_1表示会员情况的集合，X_2表示 Amazon Prime Video 提供的视频类型集合。

表 8-2　Amazon Prime Video 影音服务会员准入制

会员情况	视频类型		
	x_2=原创节目	x_2=一般剧集	…
x_1=会员	0	2.49	…
x_1=非会员	∞	∞	…

设 h 表示单价函数，则积分 $\int_D h\mathrm{d}(\mu_1\times\mu_2)=\sum_{(x_1,x_2)\in D}h(x_1,x_2)$ 表示在不同的会员身份下观看视频的总花费，其中，D 表示用户的使用情况集合，$\mu(\cdot)$ 表示计数测度。值得注意的是，$h(x_1=\text{会员},x_2=\text{原创节目})=0$ 表明对于会员来说，原创节目可免费观看；而 $h(x_1=\text{非会员},x_2=\ldots)=\infty$ 表明非会员没有观看权限。

例 2：在 Patreon 网站中，赞助者拥有不同的级别，同时创作者会根据赞助者的不同级别，对自己提供的服务设置不同的价格。设 X_1 表示会员等级的集合，X_2 表示提供的服务集合，μ_1、μ_2 表示计数测度。由于论域是离散的，可以使用表格对函数 $h:X_1\times X_2\to\mathbf{R}$ 进行描述，具体见表 8-3。

表 8-3　Patreon 会员订阅制服务

赞助者级别	服务			
	x_2=1	x_2=2	x_2=3	…
x_1=1	∞	20	10	…
x_1=2	100	18	10	…
x_1=3	75	15	10	…

因此，积分 $\int_D h\mathrm{d}(\mu_1\times\mu_2)=\sum_{(x_1,x_2)\in D}h(x_1,x_2)$ 表示以不同身份购买若干服务的花费。需要注意的是，$h(1,1)=\infty$ 表示创作者不对赞助者级别为 1 的用户提供服务 1，即对会员准入制进行了刻画。

8.5 小结

数据资产定价是体现数据资产价值的一种重要方式。不论是数据交易流通，还是对数据相关企业开展投融资，都需要制定数据资产价格。数据资产价格制定受到成本因素、市场结构因素、需求因素、竞争因素，以及其他因素等多种因素影响。基于影响定价的因素，企业、数据拥有者等卖者可以采用不同的定价策略（如基本定价策略、基于价值的定价策略、基于独特性的定价策略等）来制定数据资产价格，从而实现卖者利益最大化。数据资产定价的基础和前提是数据交易，当前在市场上流通交易的数据产品多采用协议定价或明码标价两种方式。数据资产量化定价方法正在积极探索中，它的实现将会对市场透明度的提高、市场公平性的维护起到积极作用。

参考文献

[1] SHAPIRO C, VARIAN H R. Information rules: a strategic guide to the network economy[M]. Boston: Harvard Business School Press, 1998.

[2] KOTLER P, ARMSTRONG G. 市场营销：原理与实践[M]. 楼尊，译. 北京：中国人民大学出版社, 2015.

[3] 苏东水. 产业经济学(第四版)[M]. 北京：高等教育出版社, 2015.

[4] 叶雅珍，刘国华，朱扬勇. 数据产品流通的两阶段授权模式[J]. 计算机科学, 2021, 48(1): 119-124.

[5] HECKMAN J R, BOEHMER E L, PETERS E H, et al. A pricing model for data markets[C]//iConference 2015 Proceedings. [S.l.:s.n.], 2015.

[6] YU H F, ZHANG M X. Data pricing strategy based on data quality[J]. Computers & Industrial Engineering, 2017, 112: 1-10.

[7] YE Y Z, ZHANG Y, LIU G H, et al. A measure based pricing framework for data products[J]. Web Intelligence, 2020, 18(4): 249-260.

第 9 章 数据资产运营

数据资产运营可以使数据资产的价值得到更好的实现或变现。一些典型行业的数据产品已形成相对成熟的运营体系，一批专业开展数据运营业务的公司在市场上出现，通过数据交易平台和中介机构开展数据资产运营的探索也在推进。本章介绍了数据产品流通存在的问题、典型行业的数据产品运营、两阶段授权模式等，还介绍了一种新的数据资产运营管理技术——数据自治技术。

| 9.1　数据产品流通 |

数据产品是电子化的非实物产品。有别于传统实物产品，数据产品可以低成本无限复制和通过网络快速传播，这些特性使得数据产品在流通过程中存在许多问题。

9.1.1　数据产品及其特性

数据产品作为一类新型产品，与其他产品一样，也是面向市场，通过引起注意、获取、使用或消费以满足某种需要的东西[1]。

在数字经济语境下，广义的数字产品通常包括数字内容、数字终端设备和运营平台等[2]。但在实际运营中，手机、平板电脑等终端产品的流通没有问题，数字内容（即数据产品）的流通遇到了产品形态、定价机制等方面的问题。因此，在相关的研究领域中，数字产品就是指数字内容[3]。鉴于此，除非特别指出，本书提到的数据产品均指网络空间中各类形态的产品，包括数据形式的音乐、图片、影视、网络小说等单一类型的数据产品，也包括基于大数据集生产加工的大数据产品，但不包括 Kindle、手机、Pad 等展示数据产品的终端设备，更不包括运营数据产品的网络和平台。

数据产品的生产方式主要有数字化实物产品和直接加工数据两种。

- 数字化实物产品方式。有一大部分数据产品是由实物产品（初级产品）数字化而来的，例如将传统图书数字化成电子书数据产品，将黑胶唱片中的歌曲数字化成音乐数据产品等。
- 直接加工数据方式。有一部分数据产品是通过直接对数据资源进行生产加工而来的，如基于大量机票价格数据开发的机票预测网站、基于大量历史行情数据和外部相关数据开发的股票行情分析软件等。

与实物产品不同，数据产品具有可共享性和易复制性。

- 数据产品的可共享性：指一份数据可以共享给其他人使用而数据拥有者仍然可以拥有这份数据产品的所有权，即数据产品的所有权和使用权是可以分离的。
- 数据产品的易复制性：指数据产品容易被复制且复制成本很低，这个特征有力地支持了数据产品的可共享性。

数据产品的易复制性给数据产品分享带来了便利。在易复制性的支持下，数据产品可以被复制成数据质量毫无差异的许多份复制品并在市场上流通，而数据产品的所有者并不需要出让该数据产品的所有权。这正是数据产品与传统产品的不同之处，也是数字经济的魅力所在。由于数据产品的生产成本很高，而复制和传播成本很低，容易形成规模效应[4]。大多数数据产品属于“经验型产品”，人们需要使用和体验后才能判断出产品的好坏、价值的高低，比如音乐数据产品，只有听众体验后才能知道自己是否喜欢；再比如气象预测服务数据产品，只有到了预测日期才能判断预测的准确性等。

9.1.2　数据产品流通存在的问题

数据产品的可共享性和易复制性决定了数据产品流通的本质是一种授权，因此数据产品的定价是一种授权定价。产品定价的基础是产品计量，产品计量的基础是产品形态。因此，数据产品形态、数据产品使用授权、数据产品定价机制、数据源的产品权属、数据产品出版机构等是数据产品流通必须要解决的问题。

（1）数据产品形态问题

数据产品中有一大部分是直接从原有实物产品数字化而来的。比如，音乐、影视、图片、电子书等数据产品的形态基本采用了现实中已有产品的形态，即它们在现实中已经有的实物产品形态，如相纸照片、唱片音乐、胶片电影等。总体而言，由实物产品数字化而来的数据产品大多直接将实物形态平移过来作为数据产品的形态。而网络小说、股票行情分析软件等这类直接在网络空间中生产的数据产品，在现实中没有实物产品与之对应，是一种新的数据产品形态。可以预见，未来会有越来越多的数据产品是没有现实产品形态作为参照的（例如将一个人的微信、微博、抖音集合做成一个数据产品），那么这些数据产品到底应该具备什么样的形态，才可以计量、计价以及在市场流通呢？这是一个亟须解决的问题。

（2）数据产品使用授权问题

数据产品有哪些权利属性呢？作为产品流通的末端，终端消费者需要的基本是消费权或者使用权，并不需要其他权限。2009 年 7 月中旬，Amazon 运营的 Kindle 电子书服务从所有购买了某一版本的乔治·奥威尔（George Orwell）的作品《一九八四》（Nineteen Eighty-Four）和《动物农场》（Animal Farm）的用户终端存储中删除了上述两本电子书，引发广泛反对[5]。这个事件说明数据产品使用授权方面还存在严重的问题。

（3）数据产品定价机制问题

当前，数据产品的定价基本上是人为定价的，缺少基本的定价方法和理论依据[6-7]。较早也是最典型的进行数据产品定价的是 iTunes 音乐商店[8]。2003 年苹果推出 iTunes 音乐商店，全库所有歌曲统一定价为 99 美分/首，建立了基于音乐数据产品的商业生态[9-10]。用户可通过专用的 iPod 或通用的个人计算机（Personal Computer，PC）、Pad、手机等终端设备上 iTunes 的 App、音乐应用软件等，购买、播放 iTunes 音乐商店上的音乐数据产品，即用户获得了 iTunes 提供的音乐数据产品的使用授权。苹果实现了对使用授权的定价，从而实现了音乐数据产品的流通。这是将实物产品（实体唱片）转换成数据产品的典型成功案例。

然而，iTunes 音乐商店销售的音乐数据产品报价非常低，并且为了吸引著作权人的授权，将数据产品销售利润的大部分给了著作权人和出版商，iTunes 音乐商店并没有从音乐数据产品销售中获利，所有歌曲统一定价为 99 美分/首只是一个竞争性定价。后续的数据产品运营平台也没有提出定价模型，仍然采用简单的人为定价，例如，Kindle Store 上的电子书价格为每本 0.99 美元、1.99 美元、2.99 美元、3.99 美元、4.99 美元、14.99 美元等；Netflix 平台上的订阅服务依据视频分辨率分为无高清 8.99 美元/月、高清 12.99 美元/月、超高清 15.99 美元/月等。

（4）数据源的产品权属问题

音乐、影视、图片、电子书等数据产品是由传统实物产品数字化而来的，它们的权属问题在形成实物产品时就已经确定。但是，更多的数据产品之前没有实物产品形态，数据直接产生于网络空间，那么此类数据的权属该如何确定？我们称其为“数据源的产品权属问题”。数据源是所有数据产品的原材料，必须要有清晰的权属界定。关于数据源的产品权属，正如第 4 章提到的观点“数据非天然，情理上属于生产者”[11]，但当数据由多个主体生产，生产的数据涉及公民隐私、公共安全甚至国家秘密时，数据的权属该如何界定？如果数据源的产品权属不清晰，数据产品的权属也就不能界定，因而数据产品流通就存在问题。例如，2019 年 4 月发生“黑洞图片”事件就是一个严重侵犯知识产权的事件。

（5）数据产品出版机构问题

数据产品的权属确定应该由数据产品出版机构来实现，但目前专门从事数据产品出版的机构几乎没有，大部分数据产品的数据权属确定仍困难重重。数据出版是数据拥有者对数据著作权、所有权的宣称，主要是通过一系列保障措施、环节步骤和技术支持较好地实现对数据知识产权的保护，从而实现对数据生产者和拥有者的信誉和合法权益的保障。但数据出版意味着数据公开，任何人都可以访问这些数据，这也就意味着数据稀缺性很可能丧失，从而降低了数据流通带来的收益。

9.2　典型行业的数据产品运营

当前，市场上已有部分数据产品实现了自由交易和流通。比较典型的有数字音乐、流媒体音乐等类型的音乐数据产品[12-13]，电影、电视等类型的影视数据产品[14]，以及图片、电子书[15]、网络小说等数据产品[16]。经过多年实践和发展，这些典型行业的数据产品大多构建了行之有效、相对完善的运营体系，值得深入研究和借鉴。

9.2.1 典型行业的数据产品

（1）音乐数据产品

较早的数据产品是音乐。20 世纪 90 年代，随着 MP3 音频压缩技术的发布，数字音乐下载开始流行[17]；10 余年后，苹果公司推出了 iTunes 音乐商店，重构了音乐的价格机制，建立了基于音乐数据产品的商业生态[9-10]。目前，音乐数据产品主要包括数字音乐（Digital Music）和流媒体音乐（Music Streaming）两种形式。

数字音乐：指以特定数字音频格式存储于电子介质上，并可通过网络进行传输的音乐。MP3 格式作为运用最广泛的数字音乐格式，由于其作为压缩音频格式具有相对高质量且压缩比较高的特性，实现了音乐在互联网上的快速复制和传播。早期数字音乐下载或共享平台（如 MP3.com 和 Napster）以提供免费数字音乐下载或分享为主，促进了数字音乐的流行，但同时造成了侵权泛滥的局面，没有形成产业模式。直到 2003 年，苹果公司推出了 iTunes 音乐商店[8]，以单曲为单位对全库所有正版音乐进行 99 美分的统一定价[1]，并与 iPod 播放器等终端搭配，建立了数字音乐付费下载模式。

流媒体音乐：指运用流媒体方式在互联网上提供音乐播放，用户无须下载，可直接在线收听。Spotify 是一个典型的流媒体音乐服务平台，利用数字版权管理（Digital Rights Management，DRM）技术在线提供音乐数据产品，无须下载即可在个人计算机或智能手机等终端上直接在线收听。Spotify 采用免费增值服务模式（基本服务免费，增值服务通过订阅收费），提供不同音质的流媒体音乐[18]：免费的 Spotify Free（160 Kbit/s）和订阅收费的 Spotify Premium（320 Kbit/s 以上）。Apple Music 作为苹果公司的流媒体服务平台，采用在线订阅收费模式[19]。

1 2007 年，iTunes 音乐商店的统一单曲定价有所变化，变为分层次差异化定价：基础单曲定价 99 美分、部分高热度单曲定价可提高至 1.29 美元、基础专辑定价 9.99 美元（如果专辑内单曲总价不到 9.99 美元，则取专辑的单曲总价）、音乐发行商有权设定更高的专辑价格。

（2）影视数据产品

影视数据产品包括电影、电视剧、节目、动画等，其中，在线影视利用网络以流媒体方式提供电影和连续剧集等的播放。影视数据产品容量较大、下载时长较长，相较于下载后再观看，在线观看方式更流行。在线观看主要运用流媒体技术直接在互联网上收看影视数据产品。Netflix 作为代表性的订阅制收费在线影视服务平台，提供 PC、TV 及 iPad、iPhone 等终端上的内容消费支持。Netflix 的订阅收费采用差别定价，以流媒体推送的视频质量为定价基准。Amazon Prime Video 是亚马逊推出的针对其 Prime 会员群体的视频服务[20]，可通过 Kindle Fire、TV、PC 及智能手机等终端在线收看电影或电视节目，实行订阅会员制，成为 Amazon Prime Video 的订阅会员后，可在平台上收看或购买视频。

（3）图片数据产品

图片数据产品是指使用有限数字数值像素进行表示的二维图像，如照片、图画等。图片数据产品有在线浏览、选用、编辑后下载的使用方式，也有在线浏览、直接下载的使用方式。Getty Images 是知名的在线图像素材分销平台，拥有容量巨大的商业图片库，基于商业网站的搜索、下载等功能提供各类静态和动态的视觉图像产品，提供多种授权选择：特定使用范围（Rights-Managed，RM）、限定用途类（Rights-Ready，RR）、非特定使用范围（Royalty-Free，RF）。Getty Images 根据分辨率和授权模式类型的不同给出不同的定价。Shutter Stock 作为一个在线图像交易平台，是微利图片市场的代表，其采用以色搜图、以图搜图、构图感知搜索等多种技术为用户提供检索服务，以便用户获取海量照片、矢量图、插图等图片数据产品。Shutter Stock 形成了完整的图片产业链，采用订阅付费、按需定制等多种收费模式售卖在线图片。

（4）电子书数据产品

电子书是指以电子形式存在的图书出版物，可在电脑软件、手机 App、专用设备等阅读器上进行阅读浏览。电子书数据产品更多采用下载至终端后再进行阅读的方式，也允许直接在线浏览阅读。Kindle Store 是 Amazon 的在线电子书商店，可以通过 Kindle 阅读器等终端访问、浏览、购买、下载和阅读 Kindle Store 中的电子书数据产品。Kindle Store 采用付费下载、订阅付费（Kindle Unlimited）、会员免费借阅（Prime Reading）等定价方式。Google Play Books 是电子书数字发行服务平台，可通过电脑软件、手机 App、Sony eReader 等对平台上的电子书数据产品进行浏览、购买、阅读。Google Play Books 采用按件付费下载等定价方式。

（5）网络小说产品

网络小说是指网络作家在线发表的故事型文学作品。与电子书的区别在于，网络小说不是以完整作品的形式进行发表，而是按章节在线实时更新。网络小说数据产品是指创作者直接在网络上进行小说内容创作和更新发布，读者在线实时浏览阅读的数据产品。Wattpad 是在线故事阅读与写作分享平台，为职业或业余作家搭建了围绕故事的社交社区，读者可以通过电脑软件或者手机 App 等浏览和阅读各种类型的小说故事。Wattpad 采用在线免费阅读、按章节付费、整个故事付费等定价方式。起点中文网是国内知名的原创文学阅读与写作平台，读者可以通过电脑软件或者手机 App 等浏览和阅读各种类型的小说作品。起点中文网采用在线免费阅读、按章节付费、整个作品付费、部分免费阅读等定价方式。

9.2.2 典型行业数据产品运营体系

音乐、影视、图片、电子书、网络小说等典型行业的数据产品经过多年的运营和发展，积累了一定的市场流通实践经验，形成了相对完备的运营体系机制。典型行业的数据产品能在市场上顺利地进行流通和交易，得益于各自有效的运营体系。下面以典型行业数据产品的代表性平台实践为例，进一步分析典型行业数据产品运营体系的相关情况。

（1）音乐数据产品运营体系

以 iTunes 音乐商店为例，讨论音乐数据产品运营体系。首先，苹果公司与主要唱片公司、大量独立唱片公司等音乐产品版权人或相关代理人签订协议（或提交申请）以获取相关音乐的版权许可[2]；然后，在 iTunes 音乐商店这个平台上对音乐

2　2018 年《美国音乐现代化法案》出台实施后，音乐作品版权人将专门设立一个新的非营利性的机械许可集体组织，负责管理一揽子法律许可下的授权和许可费收支，以及收集音乐作品和音乐产品的权利管理信息，使得音乐数据产品服务商可以更加便利和高效地获取音乐版权授权。

产品进行格式标准化处理并建立音乐库，全库所有歌曲统一定价为 99 美分/首（2007 年前）；最后，用户可通过专用的 iPod 或通用的 PC、Pad、手机等终端购买、播放 iTunes 音乐商店中的音乐数据产品，即用户可获得 iTunes 提供的音乐数据产品的消费授权。

如图 9-1 所示，音乐数据产品的运营体系由下列内容组成：为用户提供音乐数据产品及相关服务的音乐平台，如 iTunes 音乐商店等；将音乐作品进行格式标准化处理，并在特定网络空间中进行存储的格式标准化音乐库；音乐数据作品的定价机制，如 iTunes 音乐商店采用按件方式进行统一定价等；阅读器（终端设备），包括专用设备（如 iPod 等）、通用设备（如可安装在手机、PC 等终端上的 App、音乐软件等）。

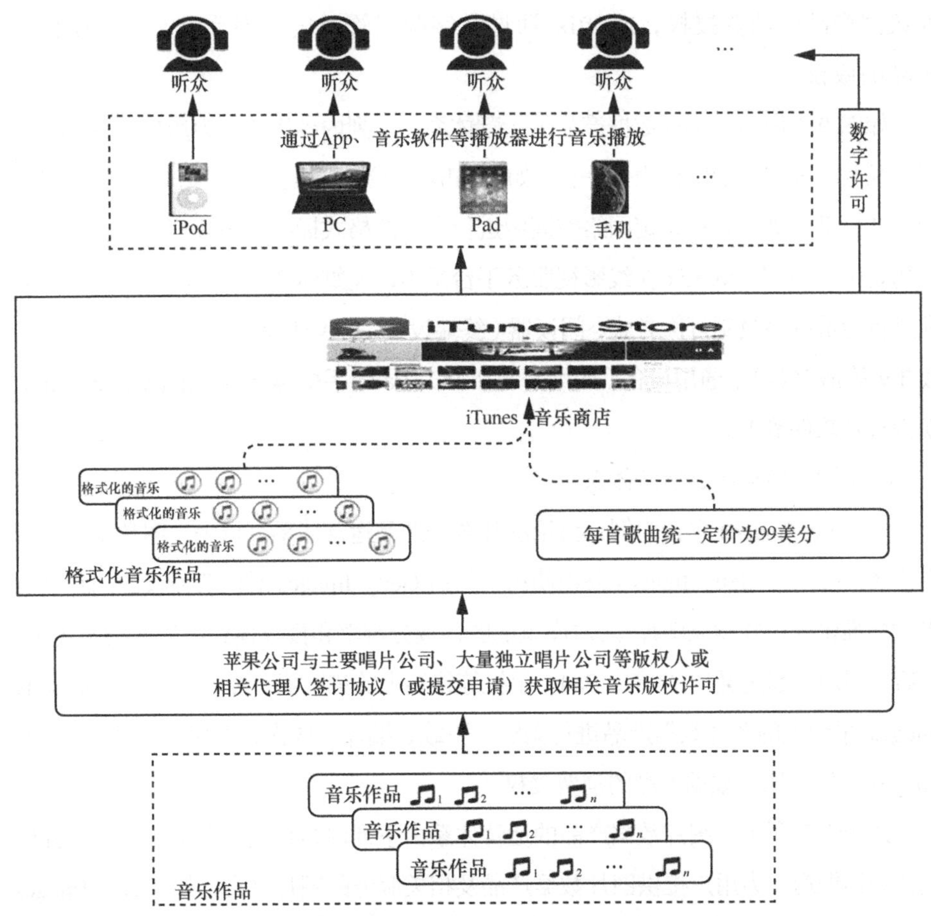

图 9-1 音乐数据产品运营体系（以 iTunes 音乐商店为例）

（2）影视数据产品运营体系

以 Netflix 在线影视服务平台为例，讨论影视数据产品运营体系。首先，除了平台原创影视作品，Netflix 会与相关提供商、经销商、制作人和创作人等合作获得其他原创影视作品的播放版权，然后在 Netflix 在线影视服务平台上对影视内容进行格式标准化处理并建立视频库，对库里的视频采用会员制订阅方式，以流媒体推送的视频的清晰程度来进行定价，如无高清 8.99 美元/月、高清 12.99 美元/月、超高清 15.99 美元/月等；最后，用户可通过专用的 TV 或通用的 PC、Pad、手机等终端上的浏览器、App、视频软件等在线播放、观看 Netflix 在线影视服务平台上的影视数据产品，即用户可获得 Netflix 提供的影视数据产品的消费授权，Netflix 通过数字版权管理技术等手段保护影视数据产品的版权。

如图 9-2 所示，影视数据产品的运营体系由下列内容组成：为用户提供影视数据产品及相关服务的影视服务平台，如 Netflix 在线影视服务平台等；将影视作品进行格式标准化处理并在特定网络空间中进行存储的格式标准化视频库；影视数据产品的定价机制，如 Netflix 在线影视服务平台采用以流媒体推送视频的清晰程度为基准进行定价的会员制订阅方式；阅读器（终端设备），包括专用设备（如 Kindle Fire 或 TV 等播放器）、通用设备（如可安装在 PC、Pad、手机等终端上的浏览器、App、视频观众软件等）。

（3）图片数据产品运营体系

以 Getty Images 平台为例，讨论图片数据产品运营体系。首先，图片生产者等会将图片授权给 Getty Images 公司使用；然后 Getty Images 对已获授权的图片进行格式标准化处理并建立图片库，对库里的图片按分辨率和授权模式类型等给出定价；最后，用户可通过通用的 PC、Pad、手机等终端上的浏览器、App、软件等对 Getty Images 平台上的图片数据产品进行浏览、下载、编译等操作，即用户可获得 Getty Images 提供的图片数据产品的消费授权。

如图 9-3 所示，图片数据产品的运营体系由下列内容组成：为图片生产者提供图片分销渠道、为用户提供图片数据产品及相关服务的图片平台，如 Getty Images 平台等；对图片作品进行格式标准化处理，并建立容量巨大的商业图片库，即格式标准化图片库；图片数据产品的定价机制，如 Getty Images 平台根据分辨率和授权模式类型的不同，按件给出不同的定价等；阅读器（终端设备），如通用设备，即安装在 PC、Pad、手机等终端上的浏览器、图片软件等。

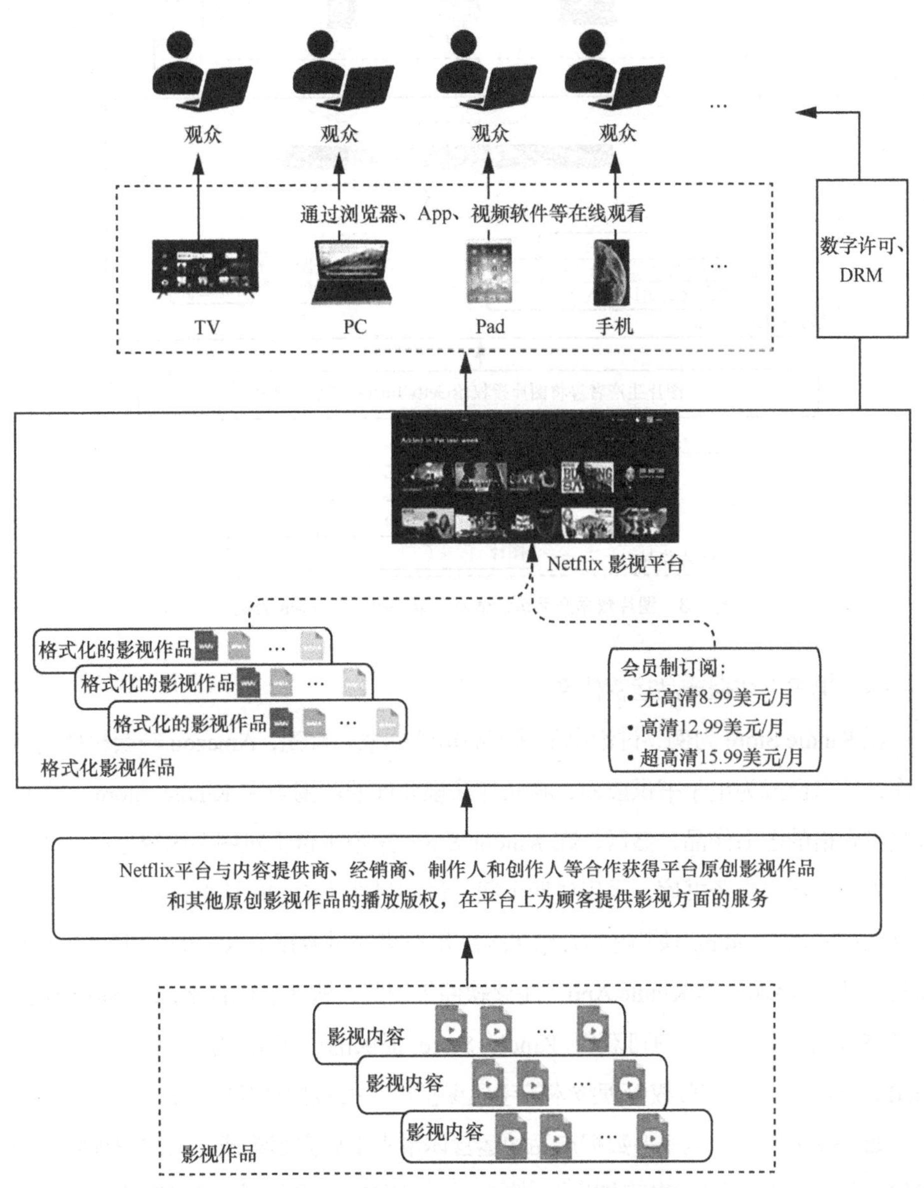

图 9-2　影视数据产品运营体系（以 Netflix 为例）

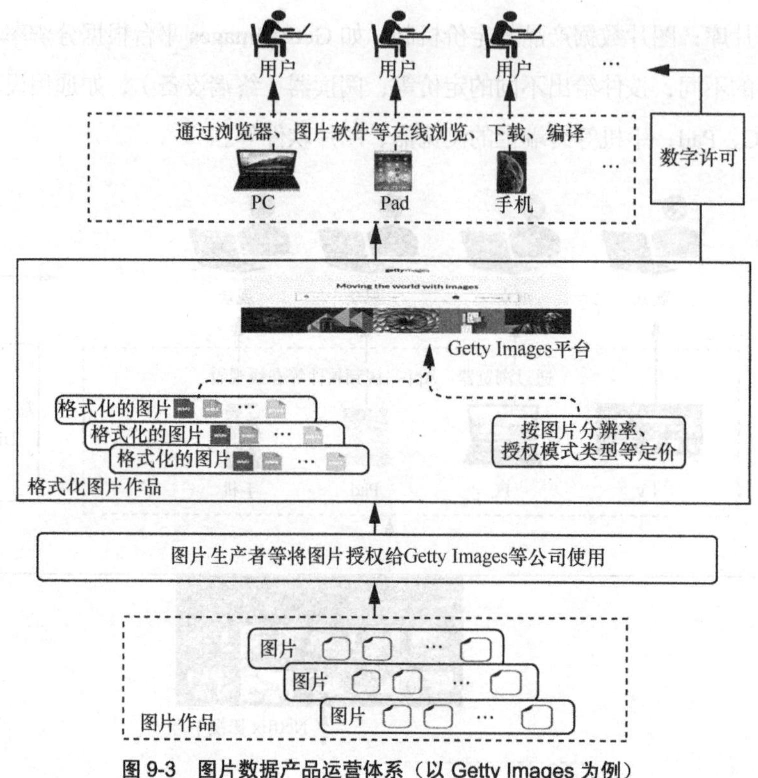

图 9-3　图片数据产品运营体系（以 Getty Images 为例）

（4）电子书数据产品运营体系

以 Kindle Store 为例，讨论电子书产品运营体系。首先，Amazon 与版权拥有者合作，使自己成为电子书供应商，在法律法规允许的范围内在 Kindle Store 上向读者提供合格的图书作品；然后，在 Kindle Store 这个平台上对图书内容进行格式标准化处理并建立电子书库，采用付费下载、订阅付费（Kindle Unlimited）、会员免费借阅（Prime Reading）等定价方式；最后，用户可通过专用的 Kindle 或通用的 PC、Pad、手机等终端上的 Kindle App、阅读软件等浏览、购买、阅读 Kindle Store 中的电子书数据产品，即用户可获得 Kindle Store 提供的电子书数据产品的消费权，Kindle Store 通过数字版权管理技术等手段保护电子书数据产品的版权。

如图 9-4 所示，电子书数据产品的运营体系由下列内容组成：为用户提供电子书数据产品及相关服务的电子书平台，如 Amazon 的 Kindle Store 等；对图书作品进行格式标准化处理，并建立电子书数据产品库，即格式标准化电子书库；电子书数据产品的定价机制，如 Kindle Store 采用付费下载、订阅付费（Kindle Unlimited）、会员免费借阅（Prime Reading）等定价方式；阅读器（终端设备），包括专用设备（如 Kindle、Sony eReader 等）、通用设备（如可安装在 PC、Pad、手机等终端上的阅读软件、App 等）。

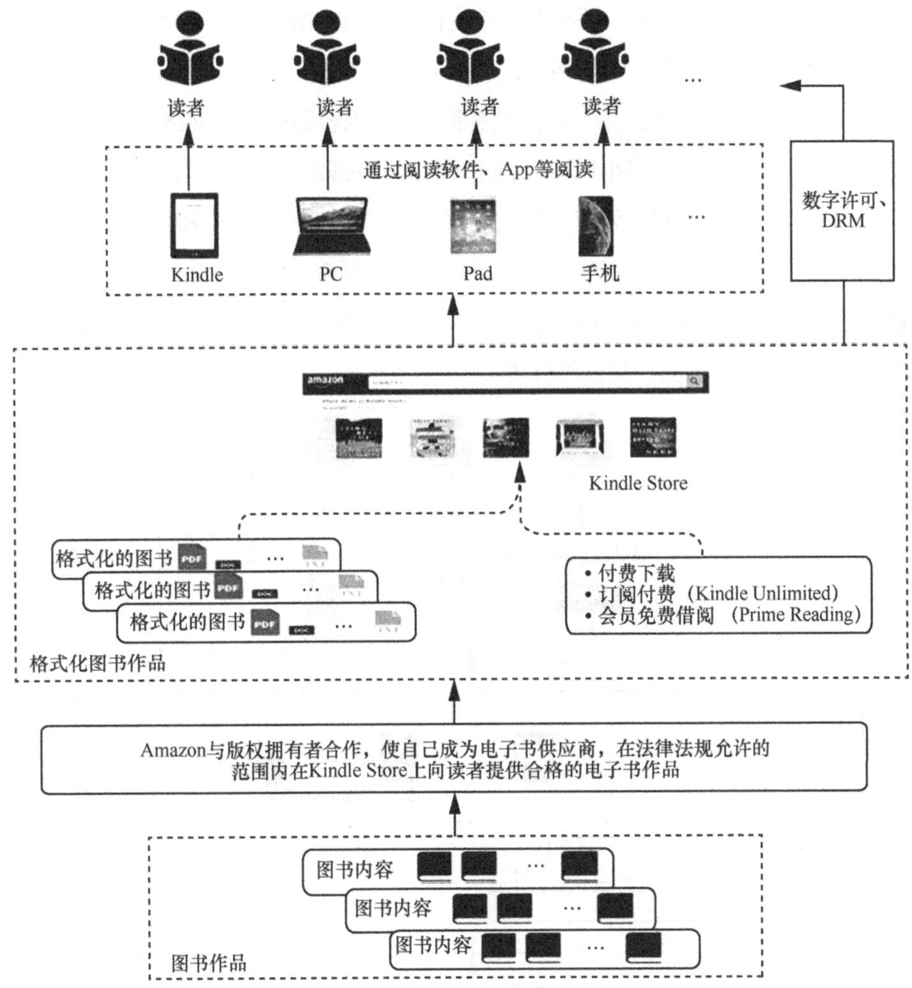

图 9-4　电子书数据产品运营体系（以 Kindle Store 为例）

（5）网络小说数据产品运营体系

以 Wattpad 在线故事阅读与写作分享平台为例，讨论网络小说数据产品运营体系。首先，对于在线创作的小说作品，创作者可选择保留所有版权（All Rights Reserved）、不保留任何权利（Public Domain）、知识共享许可（Creative Commons）

等授权形式中的一种方式，将作品版权授权给 Wattpad 平台；然后，创作者按照 Wattpad 的格式要求上传小说内容，平台对小说内容进行格式标准化处理，并建立网络小说库，采用在线免费阅读、按章节付费、整个故事付费等定价方式；最后，用户可通过通用的 PC、Pad、手机等终端上的浏览器、App、阅读软件等在线浏览、购买、阅读 Wattpad 平台上的网络小说产品。

如图 9-5 所示，网络小说产品运营体系由下列内容组成：为网络小说产品的创作者和读者提供服务的网络小说平台，如 Wattpad 在线故事阅读与写作分享平台等；对小说内容进行格式标准化处理并建立网络小说库，即格式标准化小说库；网络小说数据产品的定价机制，如在线免费阅读、按章节付费、整个作品付费、部分免费阅读等定价方式；阅读器（终端设备），如通用设备，即可安装在 PC、Pad、手机等终端上的浏览器、App、阅读软件等。

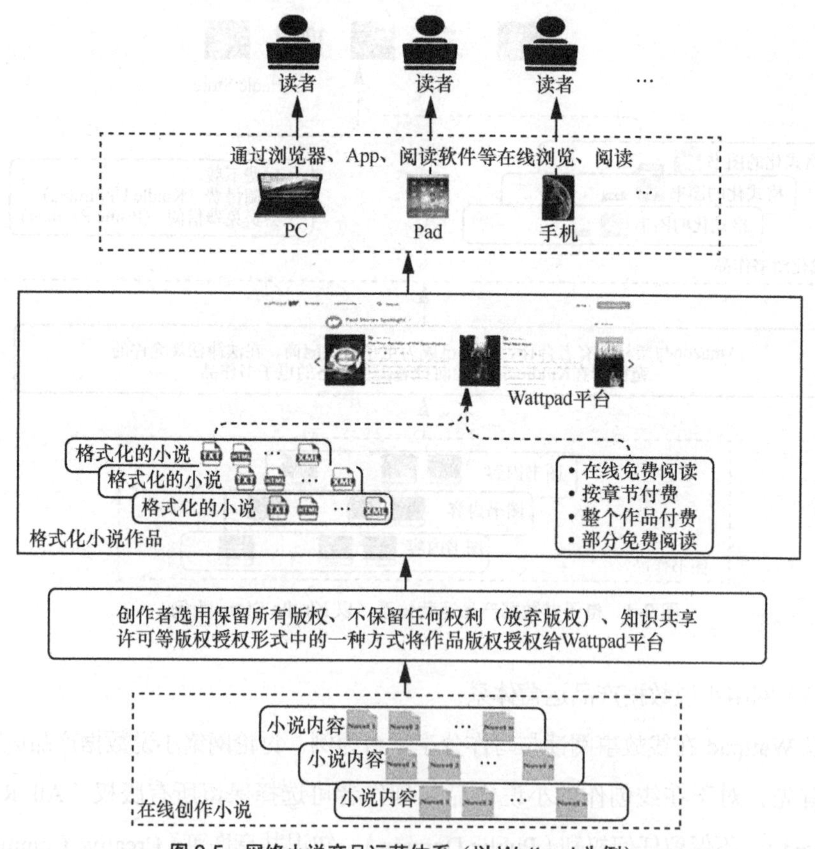

图 9-5　网络小说产品运营体系（以 Wattpad 为例）

| 9.3　数据产品运营模式设计 |

数据产品与传统产品存在很大差异，具有易复制性和可共享性。在流通过程中，数据产品所有者可以不出让数据产品的所有权。数据产品的这些特性使得在运营数据产品时，需要开展数据产品形态、数据产品使用授权、定价机制等方面的研究，需要专门对数据产品运营模式进行设计。

9.3.1　数据产品形态

市场上流通的音乐、影视、图片、电子书等数据产品各自都有对应的实物产品形态，如有出版号的实体唱片、录像制品，有版权的照片，有统一书号的纸质图书等。那么，一个数据产品的形态是什么呢？第一，形态要用于计量，因此需要有一定的规模；第二，形态要方便读取（即机读使用），因此要有一定的格式；第三，一个产品应该是完整的，不是零部件或者原材料；第四，要有确定的权属（即版权标识）；第五，对于网络空间的数据产品，要让消费者方便搜索到，因此，还需要一个访问标识。

（1）一定的规模。指形成某类数据产品的基本量，体现了数据产品占用存储空间的大小。同类产品的规模在一定的量级范围内，超出或小于这个范围都不属于这类产品。例如，音乐数据产品的规模主要由时长和格式决定，通常情况下时长 3～5 min、MP3 格式的音乐数据产品需要占用 2.75 MB～4.58 MB 的存储空间，比这个规模小得多的手机铃声不属于音乐数据产品，是另一类数据产品。又如，图片数据产品的规模主要由分辨率和位深决定，分辨率的表示方式通常有多种，如 72DPI、150DPI、300DPI、320px×240px、726px×484px、1 024px×768px、2 124px×1 416px、6 583px×4 389px 等；位深分为 8 位、16 位、24 位、32 位等。一张分辨率为 1 024px×768px、位深为 24 位的图片数据产品，约占 2 304 KB 存储空间。尚未被深入了解的大数据产品也有一定的规模范围，虽然具体规模还有待实践检验，但可以肯定的是规模要在 GB 或以上量级。因此，一个数据产品必然有一定的规模，会占用一定的存储空间。

（2）**一定的格式**。在网络空间中存储和读取数据产品时会采用一定的标准编码方式，因为不同的数据格式会影响数据规模，所以格式也是数据产品的要素之一。如某首时长 4 min 的歌曲，采用 WAV 格式存储时占用 40 MB 左右的存储空间，而采用 MP3 格式存储时只占用 3 MB～10 MB 的存储空间。格式是数据产品在网络空间中运营的基础，只有对数据产品的内容进行格式标准化处理后，才能更好地在系统中对其进行识别、操作、处理、传输和重现；没有经过格式标准化处理的产品难以被读取，更难以在数据平台上运营。

（3）**完整的内容**。数据产品不可再分，再分就不是这个产品，会变成另外一个产品或部件。例如，电子书 *The Data Asset* 是由 16 个章节组成的具有完整内容的数据产品，其中任意某个章节或几个章节都不是这个电子书产品；又如，一张内容为梵高画作《星夜》的图片，其中任意某部分都不是这个数据产品。数据产品的内容完整确保了产品功能价值的实现，数据产品的所有内容合在一起具有独立的可解释含义，可以独立使用或具有独立功能，内容不完整的作品是不能作为产品来对待的。

（4）**版权标识**。数据产品的 ID 是保护知识产权和确认数据权属的一种工具，便于数据产品发行、流通过程中的维权和授权。例如，发行的音乐产品有一个国际标准音像制品编码（International Standard Recording Code，ISRC），电子书与传统图书一样会有一个国际标准书号（International Standard Book Number，ISBN）等。这些版权标识由专门的机构登记给出，具有唯一性，为数据产品后续的维权、授权等方面的追踪提供了便利。而图片、网络小说等数据产品没有通用的标识，虽然其所在平台会给出授权类型和 ID，但由于没有到专门机构进行登记，后续遇到与权属相关的问题时，便利性和可靠性都会受到影响。

（5）**访问标识**。数据产品在网络空间中的标识便于在网络空间中通过相关系统快速搜索、查询和访问数据产品。例如，对于采用数字对象唯一标识符（Digital Object Identifier，DOI）的数据产品，可通过 DOI 系统对相应的 DOI 进行解析以获得数据产品链接，从而快速查询到数据产品，并进行访问。数据产品的访问标识能标识出数据产品在网络空间中的地址信息，使数据产品使用者在网络空间中能快速地访问到数据产品，并进行读取等操作。

因此，一个数据产品的基本形态包括一定的规模、一定的格式、完整的内容、版权标识、访问标识等基本要素。表 9-1 展示了现有部分典型行业数据产品形态的基本要素。从表 9-1 可以看出，音乐、影视、图片、电子书和网络小说这 5 类现有的典型行业数据产品都符合数据产品形态的基本要素，这也正是这些数据产品能够在市场上流通的原因。

表 9-1　部分典型行业数据产品形态的基本要素

基本要素 \ 数据产品	音乐	影视	图片	电子书	网络小说
一定的规模	主要由时长和格式决定所占存储空间的大小，如时长为 3～5 min 的音乐占据 2.75 MB～4.58 MB 的存储空间	主要由分辨率和片长决定所占存储空间的大小，如高清 480P、片长为 120 min 的电影占据 1 GB 左右的存储空间	主要由分辨率和位深决定所占存储空间的大小，如一幅分辨率为 1 024px×768px、位深为 24 位的图片约占 2 304 KB 的存储空间	主要由字数和插图等决定所占存储空间的大小	主要由字数决定所占存储空间的大小
一定的格式	MP3、WAV、RAM、AAC、MIDI 等	FLV、MP4、WMV、MOV、AVI 等	BMP、GIF、JPG/JPEG 等	PDF、TXT、EXE、UMD、EPUB、JAR 等	TXT、XML、HTML 等
完整的内容	一首完整的歌曲	一部完整的电影、一集完整的电视剧等	一张完整的图片、一张完整的照片等	一本完整的电子书	完整内容：一部完整的网络小说； 单元完整内容：一章网络小说
版权标识	ISRC 等	国际标准视听号码（International Standard Audiovisual Number，ISAN）等	—	ISBN 等	—
访问标识	统一资源定位器（Uniform Resource Locator，URL）、DOI 等	URL、DOI 等	URL 等	URL、DOI 等	URL 等

9.3.2　两阶段授权模式

通常情况下，数据产品的流通是一个电子商务模式，需要巨大的用户访问量和产品数量来匹配。不同于实物产品可以在线上展示线下销售情况或者在线下展示线上销售情况，数据产品没有线下部分，只有线上部分。互联网平台拥有巨大的访问量，为了应对这个巨大的访问量，需要投入巨资建设庞大的计算机服务器集群。基于此，如果销售的产品数量不足，那么将难以产生盈利。因此，数据产品通常需要通过运营商（数据产品运营平台）流向终端用户，即生产者将数据产品源授权给运营商，运营商再将数据产品授权给终端用户。由此可见，数据产品运营实际上是一种授权，而且通常需要两次授权，即运营商获得数据产品源授权后，将数据产品源加工成可供终端读取的数据产品再授权给终端用户，在授权过程中数据产品一般不发生所有权转移，只是授予分销权、转授权、使用权等。这就形成了数据产品运营平台的两阶段授权模式。

（1）平台授权

第一阶段授权（平台授权）是指数据产品运营平台获得数据产品源版权拥有者的授权，取得包括产品的使用权、分销权、转授权等在内的相关权利，这个过程使产品从数据产品源流通到平台。平台获得授权后，将数据产品源进行格式标准化，并制作成可供终端阅读的数据产品，同时也开发相应的阅读器设备或阅读器软件。例如，Kindle Store、Google Play Books 等拥有自行出版的图书作品版权，或通过图书版权拥有者授权获取图书版权授权；对于在 Wattpad 平台上在线创作的小说作品，创作者可选择保留所有版权、不保留任何权利（放弃版权）、知识共享许可等授权形式中的一种，将作品版权授权给平台。显然，这个授权是指数据产品运营平台获得数据产品源的版权授权，我们称其为平台授权。

（2）终端授权

第二阶段授权（终端授权）是指终端用户获得数据产品运营平台提供的数据产品的数字许可（如数据产品内容的一定时限的使用权），实现了数据产品从平台到终端用户的流通过程。例如，iTunes 音乐商店、Spotify 等音乐平台的终端客户可通过购买平台上的相关产品，获得永久或短期的音乐数字许可，可在终端播放和欣赏音乐，但不允许对音乐产品进行转卖、出租、分发和传播；Netflix 的用户通过获得 Netflix 提供的用数字版权管理技术加密过的影视数据产品的短期数字许可，在线收看影视作品；对 Getty Images 平台上的图片数据产品进行浏览、下载、编译等操作时，用户可选择不同授权方式的图片数据产品，如 RM、RR、RF，其中 RF 指对图片内容进行一次付费后获取永久使用许可，RM 和 RR 指获得在特定条件下使用图片内容进行的许可。

两阶段授权模式解决了数据产品使用授权和定价机制的问题。数据产品运营平台通过采用两阶段授权模式，首先保证获得数据产品的平台授权，保证数据产品的合法化；接着平台将数据产品的消费权或使用权授予消费者，为使用数据产品提供服务。在这两个过程中采用不同的定价方式，既能满足数据产品在不同阶段的购买需求，又能让定价机制常态化。

9.3.3　运营平台体系结构

根据两阶段授权模式，设计两阶段授权数据产品运营平台的体系结构，主要包括一个数据平台、阅读器、定价规则、版权管理保护机制、基础设施等基本要素。

（1）一个数据平台：负责数据产品维护和提供各种服务的平台。数据平台先获得数据产品源授权（如数据产品源的销售、加工等方面的授权），然后加工成标准形态的数据产品，并将这些数据产品的使用权授予终端用户。常见的平台包括 iTunes 音乐商店、Spotify、Netflix、Shutter Stock、Wattpad 等。

（2）阅读器：用于使用数据产品的设备或软件。平台将数据产品标准化后，需要设计相应的阅读器，使终端用户能方便地使用这些数据产品。通过阅读器，数据产品的内容才可读、可见。如苹果的 iPod、Amazon 的 Kindle 等专用设备的阅读器，可通过专用软件直接查看、编译相应的数据产品；通过 Adobe Reader 等安装在 PC、Pad、手机等通用设备上的阅读器软件，可对数据产品进行浏览、购买、播放、查看、阅读、编译等操作。

（3）定价规则：可以按一定的规则对平台上售卖的数据产品进行定价。如 iTunes 音乐商店采用按件计价方式，Spotify、Netflix 等平台采用在线订阅定价方式，Shutter Stock 采用订阅、按需定制等方式进行定价等。数据产品定价受到诸如获取数据产品源版权、平台处理数据产品技术、建立数据产品库、搭建网站和环境、市场需求、竞争对手等多方面因素的综合影响。

（4）版权管理保护机制：两阶段授权模式有利于数据产品的运营、流通和版权保障。沿袭各类数据产品各自所在行业的版权管理保护机制和规定，结合数据权属等的有关规定，平台与各版权所有人合作获取数据产品源的授权，并通过规章和技术等多方面手段对在售的数据产品采用系列版权管理保护措施。如 Getty Images 为不同的图片给出 RM、RR、RF 等不同的授权选择；一些平台利用 DRM 技术保护已授权的数据产品等。

（5）基础设施：数据产品的运营依托于包括互联网在内的这类基础设施的支持和保障。

两阶段授权数据产品运营平台的体系结构如图 9-6 所示，核心是数据产品运营平台的工作，包括：①获取数据产品源的版权授权；②将数据产品源按照一定的格式标准化成数据产品，建立数据产品库；③设计数据产品的定价机制和策略；④搭建平台网站、在线商店等，通过互联网以界面等形式把数据产品呈现给用户；⑤终端用户通过专用设备（如 Kindle 等）或通用设备（如 Pad、手机等）的软件等对数据产品进行购买和使用[21]。

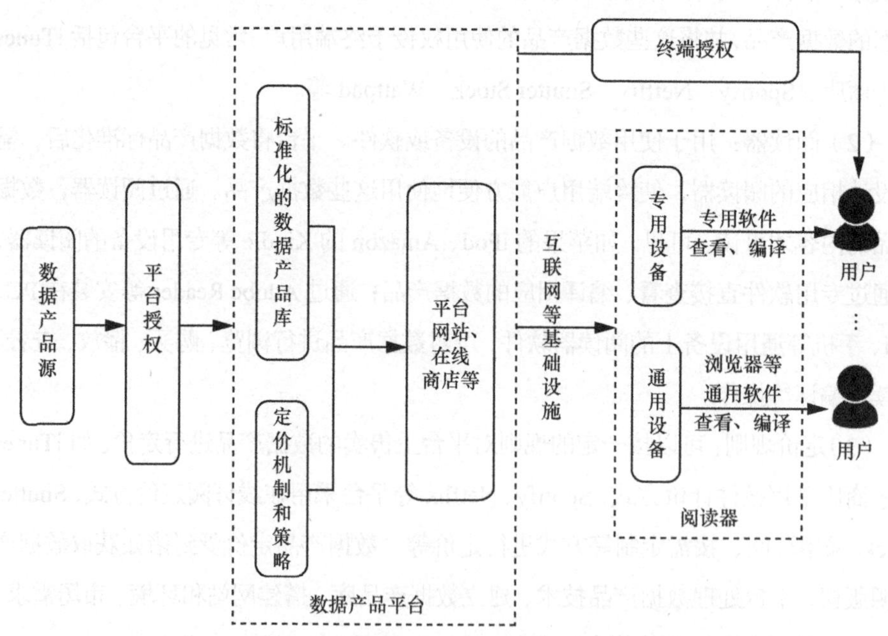

图 9-6　两阶段授权数据产品运营平台的体系结构

9.4　数据自治技术

由于历史原因，当前绝大部分数据资源还处在封闭的状态，加上主观原因，仍然有较多的数据拥有者不想、不敢对数据进行开放流通。现有的数据资源管理技术（如数据库管理系统、文件系统）和应用软件技术都支持数据自治封闭模式，无法满足数据流通的应用需求。因此，需要新型的数据资产运营管理技术——数据自治技术，用于解决数据流通过程中遇到的问题，从而能更好地实现数据资产的价值。本节将介绍参考文献[22]中的数据自治技术。

9.4.1　数据盒

数据盒是数据自治的基本数据模型，即为数据使用者提供开放数据的基本单元。数据拥有者按照数据盒的方式存储、组织数据，并向数据使用者开放数据，即呈现给数据使用者的是一定数量的数据盒。数据盒模型包括数据盒的数据描述、数据盒的数据操作和数据盒的数据约束等基本要素，在数据盒中封装数据防泄露和数据权益保护等机制，使数据盒具有独立性、可用性、可控性，使得数据拥有者在开放、流通数据的同时，又能保证数据稀缺性不丧失、隐私不泄露，并且不影响现有系统，能有效支持数据自治。

数据盒对外提供数据访问接口，内置程序分析、运行和行为分析管控功能，可从外部加载程序，并启动所加载的程序。通过数据盒，对流通的数据进行封装，提供统一的数据访问接口，实现对数据盒内数据的访问和操作，从而达到数据自治的目的。具体地，数据拥有者先进行环境配置、结构化数据配置、非结构化数据配置以及数据隐私保护等级配置，然后将数据进行封装部署和打包上架，形成一个可用的数据盒，接着建立数据盒标牌，在数据盒中封装数据防泄漏和数据权益保护机制等，并提供外部软件使用接口。也就是说，数据盒是带有自主程序单元和内在计算能力的数据组织存储模型。数据拥有者将数据灌入数据盒中，封装的数据只能通过数据盒中的自主程序单元接口进行受控的访问。这样做的好处是既方便数据使用者使用数据，即外部可见、可理解、可编程，又能防止数据拥有者的权益受到侵犯，即内部可控、可跟踪、可撤销。面向数据自治的数据模型涉及以下几个方面[23]。

- 为数据使用者提供开放数据的基本组成单元——数据盒，数据盒的组织结构如图 9-7 所示，包括数据盒的数据描述、数据操作和数据约束等基本要素及数据盒的性质。

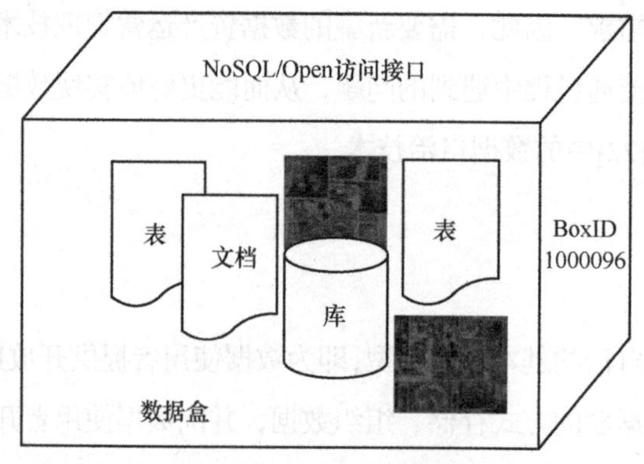

图 9-7　数据盒的组织结构

- 数据盒中封装了数据防泄露和数据权益保护机制，并设有供外部软件使用的接口。
- 数据盒的计量与定价，即根据数据使用者提出的要求和目标，计算数据使用者所需数据盒的数量和时间等，并进行定价。

9.4.2 数据站

数据站是用于存放数据盒，开展数据资源存储、管理和使用的基础设施平台。每个数据站都配备了一套数据资源管理系统，用于管理该站下的所有数据盒，外部用户可通过数据盒虚拟化、应用装载等功能使用数据。数据站的系统组成如图 9-8 所示，包括数据源管理模块、数据盒构建与环境配置模块、数据盒灌装模块、交互模块[23]。

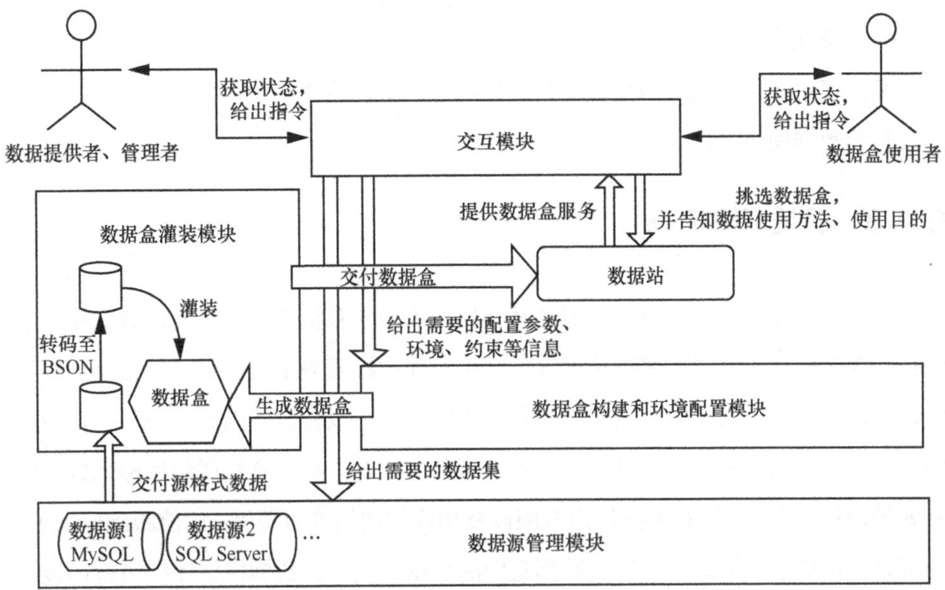

图 9-8　数据站的系统组成

（1）数据源管理模块

数据源管理模块即数据站配备的数据资源管理系统，用于管理数据拥有者的数据源，这个数据源可能是单点的，也可能是分布式的。数据拥有者对外开放的数据都可以从该数据源管理模块中获取，而且数据拥有者无须关心数据源的组织方式和存储格式。

（2）数据盒构建与环境配置模块

数据盒构建与环境配置模块负责数据盒的生成以及数据盒环境的配置。该模块依据初始数据盒的大小、约束条件、接口和监控要求，以及环境需求（数据拥有者提供的数据盒初始软硬件环境，如 GPU、内存、操作系统配置等）来构建数据盒、配置数据盒环境。数据盒的大小实际上是由数据拥有者提供的数据盒中数据记录的字段及其条数、值决定的。

（3）数据盒灌装模块

数据盒灌装模块负责将数据源进行格式转化，并导入数据盒。从数据源中获取的数据的格式可能不同，需经过一定的格式转化之后，才能支持数据盒的数据灌装。

（4）交互模块

数据使用者可以通过该模块获得和使用数据盒。该模块负责把最终形成的数据盒交付给数据使用者。

9.4.3 权益保护措施

数据权益保护措施是指将数据盒及其权属绑定为有机整体，以明确数据权益的保护对象、保护等级以及保护粒度等。其中，保护粒度是指数据盒中的数据记录可被访问的粒度，例如，对数据字段“薪水”的访问可以分为访问每一条数据记录中“薪水”的具体值、访问“薪水”的平均值或统计值等。数据盒权属包括标记数据所有者的信息、开放流通数据的使用权限以及相应的使用许可范围、定位跟踪标识等。外部软件可通过数据盒接口访问数据盒中的数据，因此，数据权益保护措施还包括外部软件行为监控机制。可通过该措施对外部软件行为进行监控，评价软件的言行一致性，甄别权益受损的软件行为模式。

权益保护主要涉及以下关键技术。

（1）数据盒加密与隐私保护

一个数据盒可能包含结构化数据和非结构化数据，数据盒的使用是外部的、未知的、无限的，传统的数据加密、数据隐私保护技术无法得到有效应用。

在数据盒加密方面，数据开放流通下的数据加密保护需要兼顾以下两种情形。第一，在数据盒正常使用的情况下，需要考虑权衡数据盒的安全性和功能性，在保证数据正常高效操作的前提下，最大限度地保证数据的机密性。运用可调整的加密技术，将相应数据项进行一层或多层加密，当外部软件请求使用数据时，在保证操作（读、写、结合等）顺利执行的前提下，只需要打开所需的层次，使得该层既能完成外部软件所需的操作，又不会公开更内部的层次。第二，针对数据盒被盗取或被控制情况下的数据机密性保护，需提供数据盒的抗盗取和抗逆向拆解能力；针对数据监控保护，在发现数据盒被不正当使用时，启动数据盒自毁机制。

在数据盒隐私保护方面，数据使用者的软件在申请使用数据盒时，需要有一个数据使用说明，即说明软件使用哪些数据、以什么样的方式使用这些数据、使用的预期结果是什么。数据站管理系统将基于数据使用软件声称的数据使用目的，对数据使用请求进行审核。通过审核的数据使用软件在使用数据的过程中，不仅受到数据盒相关管控机制的管控，同时其所有数据访问行为以及所访问的数据都将被作为该软件使用数据的证据，由数据盒管理系统收集并管理。基于软件使用数据的证据，对数据使用过程中包括数据隐私保护在内的相关情况进行合规审计，并给出审计结论。

（2）基于数据覆盖模型的数据拼图防范技术

数据拼图是指数据使用者通过整合多次获取的数据片段，还原数据整体。数据拼图可以由单个使用者多次获取数据片段来完成，也可由多个使用者共同合作完成。通过数据拼图，数据使用者可以在未被授权的情况下获取被保护的数据对象，并将其私有化。数据拼图会给数据自治开放流通带来实质危害，导致数据的使用期限、使用目的等权属难以得到保障。而且数据使用者可以将通过数据拼图获得的数据再次传播给其他未被授权的数据使用者，造成对原数据权属的二次侵犯。

由于不同数据表的价值或私密性是不同的，数据拥有者对各个数据表的可接受泄露程度也是不同的，包括不允许泄露数据表中的任意一条数据记录、可接受泄露数据表中数据记录的百分比等。因此，动态跟踪数据片段的获取情况，分析数据片段集的整体覆盖性，量化数据权属的侵害程度，保证数据表的泄露程度在可控范围内，都是防范数据拼图的重要手段。面对数据拼图的挑战，需要构造数据使用行为的形式化描述，通过追踪分析数据使用行为，动态构造数据覆盖模型，实时检测与量化数据拼图的危害性，建立可行的防范以及预警体系，有效预防与阻止数据拼图对数据权属的侵害。

9.4.4　运营模式

数据流通是必然趋势，但需要确保在数据流通的同时不丧失数据稀缺性，确保数据不流失、隐私不泄露，确保利益得以实现。为应对这种挑战，数据自治开放是一种可行的方法。

数据自治开放是指数据由数据拥有者在法律框架下自行确权和管理、自行制定开放规则（即数据自治），然后将数据开放给使用者，包括上传数据至应用软件以使用数据和下载数据到使用者的设备中以供使用者随时使用（使用者没有数据治理权）两种方式[24]。为了实现数据自治开放，需要开发面向数据开放流通的数据资源管理系统，然后将现有自治封闭系统中的数据资源重新组织到新系统中，实现数据资源的自治开放，具体如图 9-9 所示。

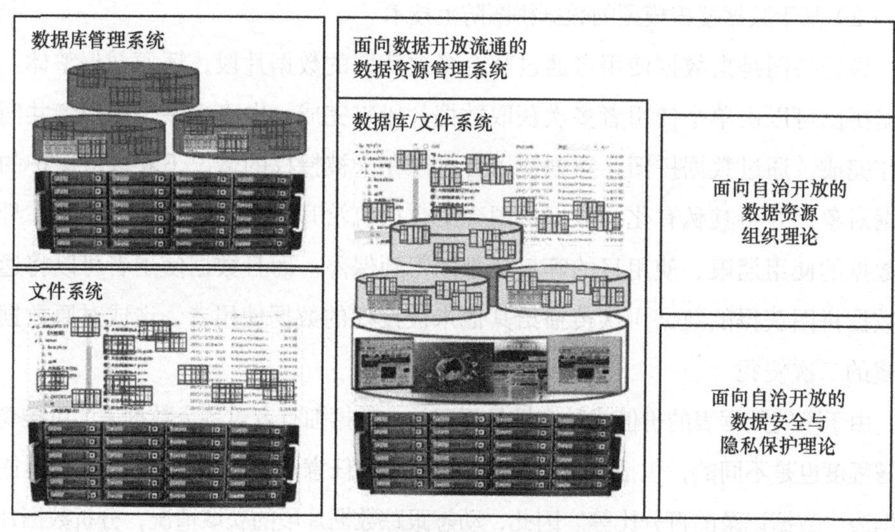

图 9-9 数据资源的自治开放

基于数据自治技术，数据拥有者可以按照一定的步骤，以数据盒为基本单元来组织自己拥有的数据资源，然后将其放在数据站中，对外开放发布；数据使用者可以提出数据使用需求，从数据站中申请使用数据盒，如图 9-10 所示。具体运作流程如下。

- 准备数据：数据拥有者选定希望开放流通的数据，确定数据字段和数据记录，并给出数据的使用约束，通过数据源管理模块将数据交付给数据盒灌装模块。
- 数据盒构建与环境配置：配置数据所需的软硬件环境，通过数据盒构建与环境配置模块将软硬件环境配置封装到数据盒中，并分配数据盒标识。
- 数据盒灌装：在数据盒灌装模块实现原始数据格式的转换，转码为 BSON 格式，将数据拥有者想要发布的数据记录按照其约束条件进行数据盒的灌装，并且封装数据访问控制和数据防泄露机制。

- 数据盒交付：将生成的数据盒交付给数据站。数据使用者通过交互模块挑选所需的数据盒，并将其对数据盒的使用方式和使用目的告知数据站。根据数据使用者提交的数据使用需求、数据访问程序及其声明，数据拥有者对数据盒进行定价，数据站为数据使用者提供数据盒及其服务。

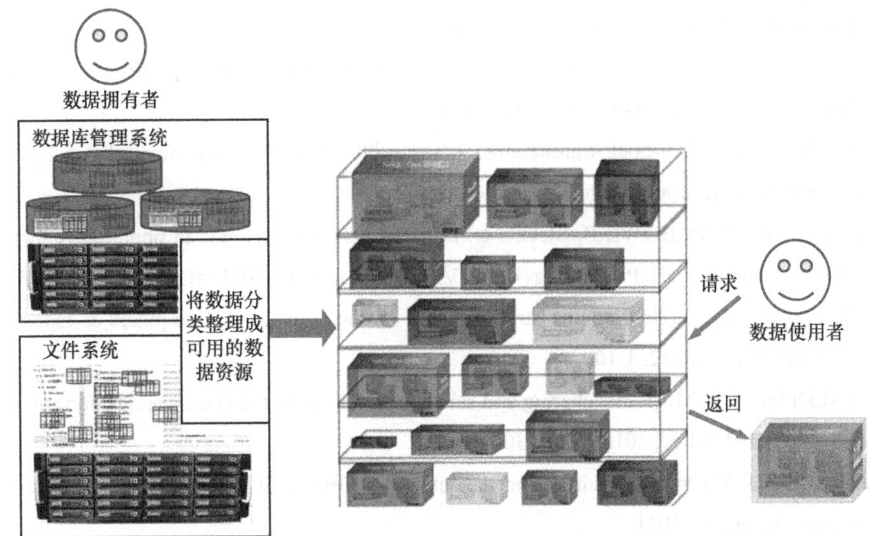

图 9-10　数据自治运营模式示意图

9.5　小结

数据产品在市场上高效流通，是数字经济健康发展的重要体现，也是数据资产运营的重要实践。当前，数据产品市场有很多实践，数据产品主要通过一个运营平台到达终端消费者，其最终形态、授权机制及相应的定价规则等问题逐步显现，版权纠纷、售后纠纷频发。两阶段授权模式和相应的数据产品运营平台体系是相对成熟的数据产品运营模式，而数据自治技术是一种新型数据资产运营管理技术。

参考文献

[1] KOTLER P, ARMSTRONG G. 市场营销：原理与实践[M]. 楼尊，译. 北京：中国人民大学出版社, 2015.

[2] 中国信息通信研究院. 中国数字经济发展与就业白皮书(2018 年)[R]. 2018.

[3] CHOI S Y, STAHL D O, WHINSTON A B. The economics of electronic commerce[M]. Indianapolis: Macmillan Technical Publishing Company, 1997.

[4] SHAPIRO C, VARIAN H R. Information rules: a strategic guide to the network economy[M]. Boston: Harvard Business School Press, 1999.

[5] SERINGHAUS M. E-book transactions: Amazon "Kindles" the copy ownership debate[J]. Yale Journal of Law and Technology, 2009, 147.

[6] BALAZINSKA M, HOWE B, SUCIU D. Data markets in the cloud: an opportunity for the database community[J]. Proceedings of the VLDB Endowment, 2011, 4(12): 1482-1485.

[7] YU H, ZHANG M. Data pricing strategy based on data quality[J]. Computers & Industrial Engineering, 2017, 112: 1-10.

[8] WALDFOGEL J. Music file sharing and sales displacement in the iTunes era[J]. Information Economics and Policy, 2010, 22(4): 306-314.

[9] DOLATA U. The music industry and the Internet: a decade of disruptive and uncontrolled sectoral change[R]. 2011.

[10] ARDITI D. iTunes: breaking barriers and building walls[J]. Popular Music and Society, 2014, 37(4): 408-424.

[11] 朱扬勇. 大数据资源[M]. 上海：上海科学技术出版社, 2018.

[12] PEITZ M, WAELBROECK P. An economist's guide to digital music[J]. CESifo Economic Studies, 2005, 51(2-3): 359-428.

[13] AGUIAR L, MARTENS B. Digital music consumption on the Internet: evidence from click-stream data[J]. Information Economics and Policy, 2016, 34: 27-43.

[14] KRIKKE J. Streaming video transforms the media industry[J]. IEEE Computer Graphics and Applications, 2004, 24(4): 6-12.

[15] TAN Y L, CARRILLO J E. Strategic analysis of the agency model for digital goods[J]. Production and Operations Management, 2017, 26(4): 724-741.

[16] BELK R W. Extended self in a digital world[J]. Journal of Consumer Research, 2013, 40(3): 477-500.

[17] GAROFALO R. From music publishing to MP3: music and industry in the twentieth century[J]. American Music, 1999, 17(3): 318-354.

[18] WAGNER T M, BENLIAN A, HESS T. Converting freemium customers from free to premium-the role of the perceived premium fit in the case of music as a service[J]. Electronic Markets, 2014, 24(4): 259-268.

[19] SINCLAIR G, TINSON J. Psychological ownership and music streaming consumption[J]. Journal of Business Research, 2017, 71: 1-9.

[20] WAYNE M L. Netflix, Amazon, and branded television content in subscription video on-demand portals[J]. Media, Culture & Society, 2018, 40(5): 725-741.

[21] 叶雅珍, 刘国华, 朱扬勇. 数据产品流通的两阶段授权模式[J]. 计算机科学, 2021, 48(1): 119-124.

[22] 朱扬勇. 数据自治[M]. 北京: 人民邮电出版社, 2020.

[23] 熊贇, 朱扬勇. 面向数据自治开放的数据盒模型[J]. 大数据, 2018, 4(2): 21-30.

[24] 朱扬勇, 熊贇, 廖志成, 等. 数据自治开放模式[J]. 大数据, 2018, 4(2): 3-13.

第 10 章

数据要素市场

数据要素市场的培育和构建是数字经济的必然要求，可以推动传统产业转型升级，助力商业模式创新，创造新业态，是数字经济健康持续发展的保障。本章介绍了形成数据要素市场的 4 种主要方式和渠道：数据开放、数据共享、数据交易和数据出版。

10.1 数据要素市场培育

作为生产要素，数据具有重要的战略意义。将数据纳入生产要素，将有效推动数据资源流通，促进数字经济发展，是一个重大创新。

10.1.1 构建数据法律体系

通过构建数据法律体系，可以明确数据权属（数据财产权），提高市场透明度，确定数据要素市场中的各方职责，维护数据要素市场的公平性，保护经济主体的数据权益，发挥市场调节作用，激发主体经济活力[1]。具体要考虑以下几点。

- 所有权和使用权分离。数据权属的界定和保护是维护数据要素市场秩序、保障市场主体活力的基础。数据有其特殊性，可以被复制成毫无差别的许多份共享给其他人使用，而数据所有人仍然可以拥有该数据，即数据的所有权和使用权是可以分离的。
- 建立市场透明度准则。市场透明度是规范市场秩序的要求，能够消除数据交易过程中的信息不对称问题，形成数据交易市场参与者的互信，提高市场交易效率。

- 增强数据要素市场的公平性。确定数据要素市场中的各参与方职责，及时纠正数据要素市场中的偏差，维护各方利益。规范市场行为，保障公平竞争，提高市场调节效果。

10.1.2　推进数据开放共享

通过政府数据以及公共数据的开放共享，为要素市场提供数据资源，供需求方使用。在政府数据和公共数据中，除了涉及商业秘密、个人隐私或者法律法规规定不得开放的数据，其他的政府数据和公共数据都要根据要求进行有条件或无条件的开放共享。政府拥有大量的数据资源，加快政府数据开放共享，不仅是对政府工作透明化的要求，也是建设数据要素市场的需求。公共数据开放共享不仅可以提高公共决策的质量和效率，还可为社会带来巨大的商业机会。政府数据和公共数据开放共享只是构建数据要素市场的先行者、探路者。政府数据和公共数据开放共享被作为其他数据开放利用的基础和先导。在政府数据和公共数据开放共享过程中，要理顺数据管理体系，建立标准化协调机制，推进数据资源社会化增值，营造良好的数据文化环境，为后续数据要素的流通利用提供良好经验[2]。

10.1.3　提升数据资源价值

通过数据资源价值的提升，促进新产业、新业态和新模式的发展，更好地推动数字经济的持续稳步发展。随着数据与技术的深度融合，数据资源价值不断呈现，有利于促进资源优化，提高生产效率，激发创新能力。数据资源价值与数据质量有关，需加强数据质量管控，从而提升数据资源的价值，发挥数据要素在生产中的作用。不断挖掘数据资源的新价值，支持数据产品研发和服务体系建设，开拓数据开发利用新场景。加快数据资产化的进程，推动数据的全面深度应用，通过数据要素的完善，深化升级产业链、创新链、资金链和人才链，促进产业体系的建设。聚焦、围绕、依托产业链，以数据链连接创新链、激活资金链、培育人才链[3]。

10.1.4 加强数据安全管理

通过数据安全管理，加强数据使用的规范和审查力度，切实保护数据隐私，规范和维护数据要素市场的运行秩序。通过相关数据安全规制建设，结合相关数据安全保护技术，加强对数据安全的管理和保护。搭建可信的数据基础设施，强化关键基础设施的安全保障。建立统一的数据管理制度，建设数据权属登记管理体系和机构，完善数据分级分层分类的安全管理和保护制度。加强数据交易过程中的数据安全监管，特别加强对交易过程中的隐私泄露、数据造假等问题的监管治理。建立风险防控体系，包括数据市场安全风险预警机制和数据跨境流动风险防控机制的建设，加强数据流动的风险监测和业务协同监管，严控防范风险。做好数据安全备案机制，提升数据安全事件的应急能力，保护政务数据、商业秘密、个人隐私数据。

10.2 数据开放

数据开放是实现数据流通、形成数据要素市场的主要方式之一，可为要素市场提供数据资源，增加数据要素市场的供给和需求。数据开放是将数据免费开放给每一个希望使用数据的人，没有版权、专利和控制机制等的限制[4]。当前，数据开放主要是指应该将政府和公共数据资源开放给公众，使数据能被任何人在任何时间和任何地点进行自由利用、再利用和分发[5]。

10.2.1 开放数据运动

“信息自由”“信息公开”等理念为开放数据的发展奠定了良好基础，同时经济社会运行和技术进步带来的需求推动着开放数据的发展。

开放数据是信息公开的进一步发展。美国是开放数据的领导者，具有很好的法律法规基础，在其宪法里对言论自由及新闻自由进行了体现，是政府信息公开的有力保障。1789 年的《管家法》对政务公开进行了规定，1946 年的《联邦行政程序法》

要求联邦行政机构必须让公众能获取其行政资料。第二次世界大战结束后，美国国内兴起了捍卫公众知情权的相关运动，该运动最早由新闻界发起，并迅速向全社会扩散，国会议员、新闻界、学术界及其他社会团体人士等都积极参与其中，形成了影响广泛的改革浪潮。美国联邦政府信息公开制度的核心《信息自由法》（Freedom of Information Act，FOIA）就是在这样的背景下于 1966 年出台的。《信息自由法》与 1974 年的《隐私权法》（The Privacy Act）以及 1976 年的《阳光下的政府法》（Government in the Sunshine Act）等是美国联邦政府信息公开制度的重要保障，也是开放数据的重要依据和基础。受此影响，很多其他国家也制定和实施了类似的《信息自由法》，例如 2000 年英国颁布《信息自由法》，规定了公众个人可以申请获取公共部门的信息；2008 年中国施行《中华人民共和国政府信息公开条例》，促进了我国政府信息公开工作的深入开展等。信息公开为开放数据提供了良好的法律基础和保障。

2009 年，美国奥巴马政府以《开放政府指令》（US Open Government Directive）为基础推出数据开放网站，拉开了开放数据运动的序幕。随后，英国、澳大利亚、法国、日本等国家纷纷推出各自的开放数据计划，全球开放政府数据成为趋势和潮流。

开放数据是具备必要的技术和法律特性，能被任何人在任何时间和任何地点进行自由访问、利用、再利用和分发的电子数据。作为信息公开的延伸，开放数据在深度和广度上都有进一步的加强，更强调对数据的开发和利用。其中，开放政府数据是政务公开、政府信息公开的延续和发展，相比于政府信息公开强调公众知情权，开放政府数据更强调公众使用政府数据的权利，在政府执政活动内容上的开放程度更深、更广。开放政府数据的动力源于公众对政府透明化的要求。随着开放数据的深入，政府数据的潜在商业价值被不断挖掘和发现，传统行业可能被颠覆，新的开放数据商业生态被逐步创建，使得开放政府数据的需求越来越大，也更具持久性[6]。

开放数据是经济社会发展和技术进步的需求。在大数据时代，数据可作为生产要素参与分配，其在国民经济运行中的角色越来越重要，给国家治理、经济发展和社会生活等方面带来根本性、全局性、革命性的深远影响。数据价值被不断挖掘和发现，以数据流引领技术流、物质流、资金流、人才流，深刻影响着社会分工协作的组织模式，促进了生产组织方式的集约和创新，这使得对数据的需求越来越迫切。开放数据是获取数据的有效手段和途径。开放数据使政府的治理能力和公共服务能力得到提升；在商业上激活新兴市场创造新财富，因市场透明度的提高而降低成本，为企业创新升级和提升竞争力提供支持；个人可以获取及时可靠的数据，为生活带来便利，提高生活质量。技术的进步促使角色的转变，特别是在 Web2.0 时代，用户需要被作为共同开发者来对待，代码开源、技术协同早已获得共识，这可以减少重复投入，提升研发效率，降低运营成本。很多新技术是基于数据的应用而研发和产生的，开放数据是非私有、可机读、获取无歧视性的，开放数据对技术进步也有促进作用。

10.2.2 政府数据开放

政府数据开放是数据开放的主要组成部分。政府数据开放是指在保护国家安全、个人隐私和商业机密的前提下，政府将拥有的数据资源主动开放给公众，无须特别授权就可下载完整的原始数据集。政府数据开放的数据资源主要包括数据集和相关应用服务，提供自由下载的政府原始数据集、元数据、应用程序接口等，便于快速获取并对数据进行重用、加工或二次开发，以期能挖掘数据价值、激发创造潜力。开放的数据应是公开合法的、格式多样的、原始完整的、机器可读的、获取无歧视性的、开放授权的。政府数据开放大多与民生需求息息相关，内容涉及农业、气候、交通运输、卫生健康、教育文化等领域。数据的开放程度、数据形式、数据安全、数据开放技术、开放许可证、数据质量、实施方法等都是数据开放关注的内容。美国作为较早开展政府数据开放工作的国家，是开放数据的领导者。良好的法律基础和数据资源储备为美国开展政府数据开放工作奠定了基础、提供了保障。2009 年，奥巴马政府率先签署《开放政府指令》，推出数据开放网站，开启了政府数据开放工作，2009 年通常被认为是开放数据的元年。之后，美国政府陆续出台了各类有关数据开放的法律法规，为更好地推进数据开放提供了法理上的依据。例如，2013 年 5 月美国管理和预算办公室发布的《开放数据政策——将信息作为资产管理》（Open

Data Policy-Managing Information as an Asset）提出了开放数据的 7 个原则，即公共的、可获得的、可表述的、可再次使用的、完整的、及时的、发布后可管理的；2014 年 5 月美国政府发布《美国开放数据行动计划》（U.S. Open Data Action Plan），注重数据开放的形式和质量；2019 年正式生效的美国《开放政府数据法案》使政府数据开放适应技术演进的需要，从而达到高效数据开放和治理的目的等[7]。美国政府数据开放网站由美国总务管理局（General Services Administration）主办和管理，是一个可自由获取数据的、公众可与政府机构互动的、数据使用接口开放的网络信息共享平台[8]。

继 2009 年美国率先开展政府数据开放工作之后，英国、澳大利亚、法国、日本等国家，以及各国际组织或地方政府陆续开展数据开放工作。以政府数据开放先行者英国为例，英国是目前世界上政府数据开放程度很高的国家。据万维网基金会（World Wide Web Foundation）发布的《"开放数据晴雨表"全球报告》显示，英国居于榜单中的首位或次位。英国有很多与政府数据开放相关的法律法规和战略规划，这些为英国政府的数据开放工作提供了依据和保障。在法律法规的保障和战略规划的指导下，英国政府于 2010 年 1 月开通了数据开放网站，向公众发布公共资讯和原始数据；2018 年，英国政府对已有网站进行了更新，推出"Find Open Data"功能服务，用户不仅可以查询、下载政府及公共机构发布的数据，还能创建账号用于发布数据。该网站旨在通过开放政府数据，在提升英国政府透明度的同时，培养创新能力。该网站由英国内阁办公室统一管理，是较早的政府数据开放网站。

各国政府、国际组织或地方政府数据开放的基本做法如下：

- 在已有法律的基础上，出台或完善有关数据开放的法律法规和战略规划，为更好地进行数据开放提供法理上的依据；
- 设立或委派一个或多个政府部门对政府数据开放工作进行管理、监督和执行，为更好地进行数据开放提供管理机制上的保障；
- 在已有数据资源的基础上，建设强大的国家性的基础数据库，为更好地进行数据开放提供资源和技术条件上的支撑；
- 以"一站式"的政府数据开放平台的方式为主渠道，向公众集中开放政府数据，为更好地进行数据开放提供内容上的载体；

- 积极做好宣传工作，以开设专题活动和奖励竞赛的方式，引入社会力量，提高公众参与度，为更好地进行数据开放提供支持。

我国也积极开展政府数据开放工作。2015 年 9 月国务院发布《促进大数据发展行动纲要》（国发〔2015〕50 号），其核心是数据资源的开放、共享和安全。2016 年 11 月，《中华人民共和国网络安全法》公布，其中第十八条规定“国家鼓励开发网络数据安全保护和利用技术，促进公共数据资源开放”。在地方政府层面，2014 年上海要求政府各部门按照《2014 年度上海市政府数据资源向社会开放利用工作计划》的要求，按规范梳理各部门已有数据，并将符合要求的数据向社会进行开放。随后，各地出台的大数据发展规划也都将当地政府数据开放作为重要的工作内容。2019 年 8 月，上海公布的《上海市公共数据开放暂行办法》系我国首部专门针对公共数据开放的地方政府规章，另有 8 个地方（北京、福州、哈尔滨、济南、连云港、青岛、威海、宣城）也出台了专门针对数据开放的规范性文件[9]。各地政府积极开展政府数据开放工作，纷纷建立自己的数据开放门户，如上海市公共数据开放平台、北京市政务数据资源网、贵州省政府数据开放平台、浙江数据开放平台等。可以说在政府数据开放方面，很多地方政府在顶层设计、体制机制创新、商业生态探索和基础设施建设方面都进行了有效的尝试和探索。

政府数据开放是获得数据的有效手段和途径，实现了数据的流通。政府数据开放促进了政府治理和公共服务能力的提升；政府数据开放促进了基于数据应用的新技术的研发和产生；政府数据开放促使企业提升创新能力，从而激活新兴市场创造新财富；政府数据开放为人们的生活带来了便利，提高了生活质量。

10.3 数据共享

数据共享是实现数据流通、形成数据要素市场的主要方式之一，可为要素市场提供数据资源。数据共享是指合作双方或多方之间进行相关数据的共享、利用和开发，政府部门之间、跨行政区域的政府之间、政府与企业之间、企事业单位之间及组织机构之间都可进行数据共享。与数据开放的全面开放不同，数据共享会对数据使用对象进行限制，如中国人民银行的个人信用数据只能给本人、银行等特定对象使用[5]。

10.3.1　科学数据共享

数据共享起源于科学数据共享，主要是将数据提供给开展学术研究的其他研究者使用[10]。由于科学的公益性，科学数据共享理念在 1958 年前后就开始建立[11]。在大数据时代，科学数据呈现爆发式增长，科学范式从模型驱动向数据驱动转变[12]，科研人员开展研究工作时越来越依赖大量、系统、高可信度的数据。科学数据共享能较好地促进科学数据流动和有效利用，提升科学数据的质量，适应科学研究模式的转变。

（1）科学数据共享的背景及意义

随着全球化进程的推进，人类要共同面对各种挑战，气候、环境、能源、安全等领域间的国际合作正在不断加强和深入，跨领域、跨学科、跨地域的协同创新正在加快。重大科学发现、前沿科技创新越来越依赖科学数据共享和国际科研机构间的协作，例如，2019 年 4 月，天文学家动用分布在全球的 8 个毫米/亚毫米波射电望远镜连续进行数天联合观测，随后又经过 2 年的数据分析，才让人类第一次看到了黑洞的真容；再如，欧洲核子研究中心通过分布在全球的 150 个计算站对 200 PB 的数据开展并行协同处理，耗费 3 年的时间，终于找到了“上帝粒子”——希格斯玻色子，在物理上证明了它的存在；又如，平方公里阵列射电望远镜项目 1 s 产生 10 TB 的数据等。此外，开展数据密集型的科学研究需要大量科学数据，对数据质量、标准化都有要求，同时数据的存储、管理、获取等也都存在门槛，需要数据资源中心等专业机构来予以支撑，而一般数据资源中心的建设及管理、存储数据的成本非常高。科学数据共享能优化研究资源配置，降低科研产出的单位成本，提高数据利用效率[13]。

由于科学数据主要来源于联合国、公益组织、各国政府等支持的科学研究项目，科学数据共享有利于提升科学研究水平、加快科学研究的进展、减少科研经费的重复投入，从而促进科学数据的流通和有效利用。科学数据共享工作得到了许多国家、国际组织和机构的政策支持，如《关于自然科学与人文科学资源的开放获取的柏林宣言》（Berlin Declaration on Open Access to Knowledge in the Sciences and Humanities）[14]、《21 世纪科学技术与创新公报》（Science, Technology and Innovation for the 21st Century）[15]、《关于公共资助的研究数据获取的原则与指南》（OECD Principles and Guidelines for Access to Research Data from Public Funding）[16]、《开发和推广开放获取政策指南》（Policy Guidelines for the Development and Promotion of Open Access）[17]、《开放科学设计：实现 21 世纪的研究愿景》（Open Science by Design：Realizing a Vision for 21st Century Research）[18]等。这些政策都鼓励科研人员或科研项目团队（特别是获得公共资金支持的）将他们的科学研究数据进行开放共享。我国也在 2018 年由国务院办公厅印发《科学数据管理办法》（国办发〔2018〕17 号），将政府预算资金资助形成的科学数据按照"开放为常态、不开放为例外"的原则进行开放共享工作。

（2）科学数据共享机制与方法

在一系列政策支持、科学数据资源高效整合、多方共同参与下，积极探索构建科学数据共享的长效机制，建立健全科学数据共享的关键机制，为科学数据共享服务奠定坚实的基础，同时科学数据共享方法也呈现出多样化趋势。

开展科学数据共享，首先要"有"数据，虽然很多政策鼓励和支持科学数据共享，但基本上未做出强制和约束，科学数据共享更多的是数据拥有者的自律行为，因此需要建立一套行之有效的共享奖励机制，对科学数据共享行为做出要求和约束。"有"数据后就开始"用"数据，使用数据也需要符合一定的规范和要求，这样才能使共享的数据发挥出最大价值，同时也可以激励数据拥有者进行数据共享，因此需要建立数据使用规范，包括科学数据的合法合规性、存储机制、引用规范、流通标准等。"用"完数据后，要对数据的有用性进行反馈，从而实现科学数据共享工作的长效性；用于共享的科学数据必须是优质可信、规范标准、易于获取、机器可读的，因此需要建立一套有效的评价机制。科学数据的完整性、可用性、标准性、质量等因素决定了共享的效果，可以采用包括同行评议、用户评分等在内的一套评价体系，对要共享或已共享的科学数据展开系统、客观的评价[19]。

实现科学数据共享的方法比较多样，比如科学数据出版、数据资源中心集中存储、数据联盟共享等。其中，科学数据出版是指与科学研究产生、获取、使用的原始数据及其衍生数据的出版有关的活动。为了保护科学家的工作成果，将科学研究数据公开出版，以便其他科研人员和机构使用，同时宣示了科学家的数据著作权。公开出版的科学数据确保了数据质量以及数据永久可访问[20-21]。

（3）科学数据共享现状

国外科学数据共享的开展时间较早，形成了比较成熟完备的模式。顶层设计方面，立法先行，建立了一体化法律法规、政策体系，形成了科学数据共享制度保障；具体落实方面，构建多层次科学数据共享基础设施，建成了一批具有全球影响力的科学数据中心，推进了科学数据共享，对科技创新和科技竞争具有重要作用。以美国为例，美国是科学数据共享的先导者，拥有很好的法律基础和数据资源储备，针对科学数据共享出台了相关法规政策,如 1991 年为促进全球变化研究数据更加全面和开放的获取，发布《全球变化研究数据管理政策声明》（Policy Statements on Data Management for Global Change Research）；2012 年为增强联邦政府从海量数据中挖掘价值的能力，推出《大数据研究与发展计划》（Big Data Research and Development Initiative）；2013 年为推进受联邦资助项目的科学研究成果公开共享，发布《提升联邦资助科学研究成果可得性》（Increasing Access to the Results of Federally Funded Science）等[22]。

美国构建了多层次的科学数据共享基础设施。美国国家科学基金会（National Science Foundation，NSF）、美国国家航空航天局（National Aeronautics and Space Administration，NASA）、美国国立卫生研究院（National Institutes of Health，NIH）以及美国国家海洋和大气管理局（National Oceanic and Atmospheric Administration，NOAA）等机构通过长期资助各类科研项目和开展科学数据共享实践来推动科学数据中心的建设。例如，NASA 建立了数据开放共享平台以及配套的基础设施。NIH 在其资助的科研项目中建立各类标准化数据库，并提供了数据共享计划的制定模板[23]；其下设机构美国国家生物技术信息中心（National Center for Biotechnology Information，NCBI）在生物医药科学数据共享方面有重要地位，建有具有全球影响力的基因与蛋白序列数据库 GenBank 等。

我国高度重视科学数据共享，制定发布了相关政策法规，逐步完善法规制度，努力建立政策体系。2007 年修订的《中华人民共和国科学技术进步法》规定，利用财政性资金设立的科研机构应当建立共享机制，促进科技资源的有效利用。2015 年 8 月，国务院印发的《促进大数据发展行动纲要》（国发〔2015〕50 号）指出，积极推动由国家公共财政支持的公益性科研活动获取和产生的科学数据逐步开放共享，构建科学大数据国家重大基础设施，实现对国家重要科技数据的权威汇集、长期保存、集成管理和全面共享。2016 年国务院发布的《“十三五”国家科技创新规划》（国发〔2016〕43 号）指出，建立科技资源信息公开制度，完善科学数据汇交和共享机制，加强科技计划项目成果数据的汇交。2017 年科技部、财政部、国家发展改革委印发的《国家科技创新基地优化整合方案》提出，建设国家科技资源共享服务平台。2018 年科技部、财政部联合印发的《国家科技资源共享服务平台管理办法》（国科发基〔2018〕48 号）指出，规范管理国家科技资源共享服务平台，推进科技资源向社会开放共享，提高资源利用效率。2018 年 3 月国务院办公厅印发的《科学数据管理办法》（国办发〔2018〕17 号）是我国首部科学数据管理办法，强调科学数据开放共享，对科学数据共享与管理具有重要意义。

科学数据开放共享的前提是拥有可供开放的科学数据资源。汇交由公共资金资助产生的科学数据是科学数据资源建设和持续积累的重要手段和途径。我国在科学数据汇交管理机制上进行了有益探索和实践。国务院发布的《“十三五”国家科技创新规划》对科技计划项目成果汇交做了要求。2008 年科技部发布的《国家重点基础研究发展计划（973 计划）资源环境领域项目数据汇交暂行办法》明确了数据汇交的标准规范和工作流程，成立了 973 计划资源环境领域项目数据汇交中心，开展了相关项目的科学数据集汇交工作。国家自然科学基金委员会为了汇集资助项目的研究数据，建设了“科学基金共享服务网”，并面向科研用户开放。中国科学院在其系统内积极开展科学数据的汇交工作，整合了全院 50 家单位的科学数据库，共享数据量达 3.2 PB[24]。

2001 年我国启动科学数据共享工程，2004 年设立国家科技基础条件平台建设专项，推进了国家科学数据的管理和共享工作[25]。科学数据共享服务平台和科学数据中心是实现科学数据共享的两种模式。科学数据共享服务平台通过部门纵向整合、跨部门横向整合等方式整合科学数据资源，累计整合和规范化改造科学数据达 PB 级以上。目前，已经在林业、地球系统、人口与健康、农业、地震、气象等领域建成科学数据共享服务平台；加入国家科学数据共享服务平台的单位有上百家，分布在全国 31 个省市自治区。2018 年科技部、财政部专门印发《国家科技资源共享服务平台管理办法》，以规范管理国家科技资源共享服务平台，推进科学数据等科技资源向社会开放共享。科学数据中心是重要的科学数据共享基础设施，也是实现科学数据汇交、管理、存储和共享的专业化机构。我国于 1988 年加入世界数据中心（WDC，世界数据系统的前身），并成立第一批学科中心，紧跟国际科学数据管理的发展，相继成立了数十个科学数据中心。随后，许多高校也相继建立了学科领域的数据中心，如北京大学开放研究数据平台、清华大学中国经济社会数据研究中心、复旦大学社会科学数据平台、中山大学学术研究数据库共享计划、中国人民大学中国国家调查数据库、武汉大学高校科学数据共享平台、同济大学科研数据管理与服务平台等。我国科学数据中心在运行能力、软硬件、专业人才等方面仍然需要加强，以提高科学数据中心的服务能力，更好地推动科技资源向社会开放共享。因此，2019 年 6 月，科技部、财政部对原有国家平台开展了优化调整工作，研究形成了国家高能物理科学数据中心、国家基因组科学数据中心、国家极地科学数据中心等 20 个国家科学数据中心。

10.3.2　数据共享联盟

数据共享联盟是出于数据共享目的或需求而成立的机构，一般以促进数据共享为宗旨，多为非营利非政府组织，是国际数据共享比较常用的组织方式。通常联盟成员开展相关活动时，需要遵循联盟章程，符合联盟基本原则或声明。数据共享联盟国际上起步较早，发展也较成熟，随着数据需求的日益激增，数据共享联盟机制越来越普及。我国的数据共享联盟以学术性非营利性机构为主，如微生物科学数据共享联盟、地球系统科学数据共享联盟等。

（1）国际科学理事会

国际科学理事会（International Science Council，ISC）是于 2018 年将原有的

1931 年成立的国际科学联合会（International Council for Science，ICSU）和 1952 年成立的国际社会科学理事会（International Social Science Council，ISSC）合并而来的组织，是目前唯一将自然科学和社会科学以及相关全球科学组织汇聚在一起的非政府国际组织。在其指导下成立的科学数据相关组织和机构包括世界数据系统（World Data System，WDS）、国际科学技术数据委员会（Committee on Data for Science and Technology，CODATA），它们是目前非常重要的科学数据相关国际组织，它们的成立以及科学数据作为一门独立学科的诞生都标志着科学数据管理已成为现代科学研究管理的主要组成部分[5]。

（2）世界数据系统

世界数据系统是国际科学理事会的跨学科机构，于 2008 年在国际科学理事会第 29 届大会上创建。WDS 建立在世界数据中心、天文和地球物理数据分析机构联合会的 50 多年的数据管理基础上。

ICSU（ISC 的前身）在其《2012—2017 年战略计划》中阐明了它的长期愿景，即“一个将卓越的科学成就有效地应用于政策制定和社会经济发展的世界”。在这个世界中，普遍和公平地获得科学数据和信息是现实，所有国家都有科学能力利用这些数据和信息，并有助于产生新的知识，这些新知识对于以可持续的方式建立自己的发展道路是必不可少的。

作为 ISC 的跨学科机构，WDS 的任务是通过长期数据管理，公众能够普遍公平地获得有质量保证的科学数据、数据服务、数据产品和信息，以支持 ISC 愿景的实现。WDS 旨在通过协调和支持提供、使用和保存相关数据集的可信科学数据服务，促进 ISC 保护下的科学研究，同时加强它们与研究界的联系。

WDS 的总体目标：实现对有质量保证的科学数据、数据服务、数据产品和信息的普遍公平的访问；确保长期数据管理；促进遵守议定的数据标准和惯例；改进数据和数据产品的访问机制。

WDS 的《战略计划 2019—2023》概述了实现总体目标的近 5 年计划，主要围绕以下 3 个目标：提高开放科学数据服务的可持续性、信任度和质量；培养积极的学科和多学科科学数据服务社区；将值得信赖的数据服务作为国际合作科学研究的一个组成部分。

（3）国际科学技术数据委员会

国际科学技术数据委员会于 1966 年成立，主要职责在于促进全球科学数据发展，对不同学科的数据管理与应用问题的研究起到重要的推动作用，并为科学数据管理实践提供技术支持。通过对科学数据重要的政策、技术和文化变革的推动，CODATA 助力 ISC 实现促进科学发展的愿景。

CODATA 的理念是：科学数据是人类的共同财产。基于这一理念，CODATA 发起了科学数据共享全球战略和政策研究，并组织了科学数据共享管理的国际联合行动计划。针对计划，CODATA 先后建立了多个不同学科领域的数据共享任务组，如"人体测量数据和工程学（Anthropometric Data and Engineering）"任务组、"地球与空间科学数据互操作（Earth and Space Science Data Interoperability）"任务组、"互操作数据出版物（Interoperable Data Publications）"任务组等。同时，CODATA 积极开展与其他国际数据相关组织（如研究数据联盟（Research Data Alliance，RDA）、WDS 等）的合作，建立数个合作工作组（如研究数据科学暑期学校工作组（CODATA-RDA Working Group on Research Data Science Summer School）、国际材料资源注册工作组（CODATA-RDA Working Group on International Materials Resource Registry）等），共同推动科学数据的共享工作。

此外，CODATA 对国际科学数据管理进行了战略性的规划，其《2015 年 CODATA 战略计划》（CODATA Strategic Plan 2015）和《2016 年战略与成就计划书》（Prospectus of Strategy and Achievement 2016）将促进科学数据开放共享的原则、政策的落地作为优先发展的事务。同时，CODATA 通过组织各类学术交流活动、促成国际数据项目合作、指导发展中国家科学数据管理工作等系列工作推动科学数据事业的发展[26]。

（4）研究数据联盟

研究数据联盟是由欧盟委员会、美国国家科学基金会和国家标准与技术研究所，以及澳大利亚政府创新部于 2013 年发起成立的，旨在建立社交和技术基础设施，以促进和实现科学数据共享、交流、复用的国际性组织。截至 2021 年 3 月，RDA 拥有来自 145 个国家的一万多名个人会员、48 个机构会员，以及 12 个合作组织（包括 CODATA、DataCite 等）。

RDA 框架下存在各类工作组、兴趣组、协调组等功能架构。其中，各类工作组负责解决数据管理实践中的具体问题，如数据引用、元数据目录编制等；兴趣组主要组织研究特定学科领域中的一般性数据管理问题；协调组则主要负责 RDA 下各组织的运行、管理和会务等行政事务。

| 10.4 数据交易 |

数据交易是实现数据流通、形成数据要素市场的主要方式之一，也是要素市场获得数据资源的重要渠道和方法，更是形成数据资产的重要途径。通过数据交易，数据的价值得以体现。数据交易主要是指数据拥有者和数据使用者依据法律在市场交易规则下进行自由交易[5]。

10.4.1 数据交易现状

数据交易将数据作为一种交易标的，目前在法律上还缺少依据，尚未出台专门的法律法规。与数据交易相关的法律大多关于数据和隐私保护方面，如欧盟的《通用数据保护条例》（General Data Protection Regulation，GDPR）、中国的《中华人民共和国网络安全法》等。随着数据产业的发展，企业对外部数据的需求越来越多，数据交易越来越得到重视。在我国，很多大数据相关文件中涉及数据交易的内容。例如，2015 年国务院发布的《促进大数据发展行动纲要》（国发〔2015〕50 号）明确指出，要引导培育大数据交易市场，开展面向应用的数据交易市场试点，探索开展大数据衍生产品交易，鼓励产业链各环节的市场主体进行数据交换和交易，促进数据资源流通，建立健全数据资源交易机制和定价机制，规范交易行为等一系列健全市场发展机制的思路与举措。再如，工业和信息化部印发的《大数据产业发展规划（2016—2020 年）》中多处提到数据交易。另外，我国先后出台了《信息技术 数据交易服务平台 交易数据描述》《信息技术 数据交易服务平台 通用功能要求》《信息安全技术 数据交易服务安全要求》等国家标准，推进了我国数据交易的规范化进程。

数据交易作为一种新兴业态，在学术界和产业界都获得了高度的关注，有很多相关的研究和实践工作。数据交易的研究内容主要集中在数据交易的产权、数据安全和隐私保护、数据质量和定价策略、数据交易模式和机制构建等方面。数据交易的前提和基础是清晰的产权归属，交易的数据可能存在多个生产主体的情况，加上数据易复制等特点，使其与以往的商品不同，造成数据权利界定存在困难，因此很多学者对数据交易过程中的数据所有权归属、数据产权界定、授权合法性等方面展开研究[27]。数据交易的重要任务是确保交易和使用数据的安全性，降低数据泄露风险，从而保证数据稀缺性，因此需要对数据交易中的个人隐私风险控制、数据安全和隐私保护等方面展开研究[28]。数据交易的重要价值在于通过市场化的交易实现数据价值的量化，由于数据具有经验商品的特点，买方需要对数据质量有所了解和掌握、卖方需要对数据质量有所掌握和改善、数据中介需要对数据质量进行监督和管理，在此基础上通过合理的数据定价来推动数据交易的公平开展，因此相关学者对数据质量评估、数据交易的合理定价策略和方法展开研究[29-31]。数据交易顺利进行的基础是要有完善的数据交易机制，因此相关学者对数据交易模式和机制的构建等方面展开研究[32]。

在产业实践方面，已有部分典型行业的数据产品经过多年实践和发展构建了相对完善的运营系统，在市场上实现了自由交易和流通，如以 iTunes 音乐商店为代表的数字音乐下载平台和以 Spotify、Apple Music 为代表的流媒体音乐服务平台等音乐数据产品，以 Netflix、Amazon Prime Video 为代表的影视数据产品，以 Getty Images 为代表的图片数据产品，以 Amazon Kindle Store 为代表的电子书数据产品，以 Wattpad 为代表的网络小说数据产品等。同时，出现了一批提供数据交易和运营服务的公司，如提供社交数据的 DataSift 公司、提供运营金融行业数据的 Xignite 公司、提供交易旅行用户订阅和查询信息等数据的 Sabre 公司、致力于提供地理位置相关数据的 Factual 公司等。此外，还涌现出一批大数据交易平台和中介机构，如集中于地理位置、社交网络、网络信息等方面的数据集交易平台 Infochimps，实时数据交易市场 BDEX，AWS Data Exchange、Microsoft Azure Marketplace、Qlik DataMarket 等国外知名数据交易市场，以及贵阳大数据交易所、上海数据交易中心、武汉东湖大数据交易中心等国内数据交易机构。其中，贵阳大数据交易所是国内最早的大数据交易所，面向全国及全球提供数据交易服务；上海数据交易中心作为上海市大数据发展“交易机构+创新基地+产业基金+发展联盟+研究中心”五位一体规划布局内的重要商业机构，承担着促进商业数据流通、跨区域的机构合作和数据互联、政府数据和商业数据融合应用等相关职能。

10.4.2 数据的交易权

数据交易权是数据在市场上流通的一种权利，由数据所有人授予数据产品运营平台（或交易平台）法人。数据所有人将数据交易权授予数据产品运营平台就完成了数据产品到数据商品的转换，数据商品是实现数据流通的标的。

虽然数据交易可以是数据商品的各种权利的转移或授予，但是，数据交易与通常的物品交易、股票交易有本质上的不同。首先，数据使用权的转移显然不是数据交易的重点，但是数据使用权又不能多次转移或转授，因此数据交易更多的是数据使用权的一次授予行为；其次，数据使用权授予和数据使用通常是线上的行为，因此需要一个大的运营平台来支撑数据的使用和使用授权行为。鉴于此，数据所有人需要将数据委托给数据商品运营平台，再由平台将数据使用权授予终端使用人，使用人在平台上使用数据。这个过程被称为数据产品的两阶段授权运行模式[33]。

从现有的数据产品运营平台情况来看，平台可获取数据产品源的版权所有人的授权，取得数据商品的交易权（一般包括使用权、分销权、转授权等权利）。平台在获得交易授权后，将数据产品源进行标准化、格式化，制作形成可供用户使用的数据产品，同时开发相应的设备或者软件。例如，Kindle Store、Google Play Books 等拥有自行出版的图书作品的版权或图书版权拥有者授权的图书版权；又如，Wattpad 平台设定了保留所有版权、不保留任何权利、知识共享许可 3 种授权形式，平台在线小说作者可以选择一种方式将作品授权给平台等。

10.4.3 数据商品交易

数据交易是指可交易的数据进行开放的不受限的数据流通。可交易的数据是用于消费的，通常是数据商品，数据交易可以是数据商品的各种权利的转移或授予。

虽然国内有 20 多个数据交易场所在建设中，但是都难以开展数据交易活动，这是一个需要认真思考的问题。

首先，数据商品和物质商品最重要的不同是数据商品具有可共享性和易复制性。

- 数据商品的可共享性是指一份数据可以共享给其他人使用，而数据所有人仍然可以拥有这份数据商品的所有权，即数据商品的所有权和使用权是可以分离的。
- 数据商品的易复制性是指数据商品很容易被复制，且复制成本很低，这个特征有力地支持了数据商品的可共享性。

数据复制成本极低，甚至可以忽略不计，这就给数据分享带来了便利。在易复制性的支持下，数据商品可以被复制成许多份并在市场上流通，而数据商品的拥有者并不需要出让该数据商品的所有权。这正是数字经济的魅力所在。

其次，市场上已经有一些数据商品运营平台在运行，如 iTunes 音乐商店、Spotify、Netflix、Getty Images、Google Play Books、Kindle Store、起点中文网等。

除了网络小说，音乐、影视、图片、电子书等数据商品的形态基本采用了现实中已有商品的形态，即它们在现实中已经有实物商品形态，如唱片音乐、胶片电影、相纸照片、纸质图书等。现在只是将这些原本具有实物形态的商品数字化，形成数据商品，因此，它们总体上是直接将实物形态平移过来作为数据商品的形态的。只有网络小说是一种新的数据商品形态，采用按照章节订阅或者按照字数订阅的方式。

可以预见，未来会有越来越多的数据商品没有现实商品形态作为参照（例如将一个人的微信、微博、抖音集合做成一个数据商品），这正是当前数据交易场所希望进行交易的数据商品类型，但这些数据商品应该具备什么样的形态、什么样的条件，才可以计量、计价、在市场流通呢？这是一个有待解决的问题。

10.5　数据出版

数据出版是实现数据流通、形成数据要素市场的主要方式之一，是数据流通的一项有益探索和实践。数据出版是指将生产的数据进行出版的一种活动。数据出版意味着数据内容的公开，任何人都可以看到数据，也可以使用这些数据。

10.5.1 内涵与目的

早期的数据出版是指科学数据出版，出版机构 Pensoft Publishers 认为“数据出版是指将数据上传到互联网进行公开，并支持除数据提供者外的组织机构或个人下载、分析、复用以及引用数据”[34]。维基百科对数据出版的定义是“以出版的形式公开研究数据，以便他人使用的行为，这是为了公众使用而准备某些数据或数据集的实践，可以实现每个人对数据的随意使用。这种实践是开放科学运动的一个有机组成部分。这一实践带来的益处在多学科领域中获得了广泛共识”。后来一些学者把政府数据也纳入数据出版范畴[35]，其目的是在公共数据库或网站上公开政府数据，以实现政府数据开放，这是开放数据运动的重要内容。

数据出版主要有两个目的，一个是使生产的数据达到一定的规范，以方便使用和流通，另一个是宣示数据的所有权。

（1）规范数据便于流通

由于数据类型和来源的多样性，简单地将数据公开并不适合公众使用。简单地公开数据对于公众来说无异于看天书，甚至会出现无法读取数据的情况，因此有必要像图书出版一样建立一个相对统一的规范，使得公众容易使用公开的数据，数据出版就是这样一种实践。数据出版可以被看作将已有的数据进行整理后出版的一种活动。从严格意义上来说，数据出版属于数据生产再生产环节，使生产的数据达到一定的规范要求、形成一定的规模，以便公众使用（包括下载、分析使用、再生产等），从而便于数据的流通。

（2）宣示数据的所有权

虽然科学数据出版已经有 30 多年的历史，但是科学数据出版和引用只是科学家的自律行为，尚没有法律约束，数据出版的权益宣示作用并没有表现出来。数据资产、数据要素等概念的快速发展和实践要求人们从方法上解决数据确权的问题，数据出版更大的作用应该是对数据所有权的宣示[36]。在数据确权比较困难的大背景下，数据出版是一种可行的数据确权方式，也是数据资产化的一项工作[37-38]。数据的生产比较困难，但是相比于数据生产，数据复制的成本极低，数据在网络空间中的传播比较容易，这造成人们在使用数据时往往并不知道这些数据从哪里来、是谁生产的、归谁所有、质量如何。这不仅对数据生产者和拥有者的权益造成了极大的伤害，同样也会对数据使用人的权益造成伤害。数据出版能从法律方面较好地解决这些问题。数据出版通过一系列保障措施、环节步骤和技术支持，较好地实现了对数据权益的保护，从而实现了对数据生产者和拥有者的信誉及合法权益的保障，提高了数据重用的价值[39]。

10.5.2 数据出版条件

并非所有的数据都可以出版，那么数据需要满足什么条件才可以出版？吴娜达等[36]讨论了可以出版的数据应满足的条件：数据权属能够确定、数据内容无害、数据标准规范、数据质量优良、数据具有可读性。

- 数据权属能够确定。数据出版的目的是宣示数据的著作权、所有权。因此首要前提是数据是合法生产的。关于数据权属，一个直观的观点是：数据非天然，情理上属于数据生产者[5,40]。首先，如果数据是由单个主体生产的，则其权属比较容易界定；其次，当数据由多个主体生产时，则需要各个主体签订协议，协商共同拥有数据权属或者某个主体拥有数据权属。
- 数据内容无害。出版数据就是将数据向社会公开，任何人都可以访问这些数据。因此，可能危害社会和个人（如涉及个人隐私）的数据不可以出版。例如，病人的电子病历数据涉及病人的个人隐私，是不能出版的；再如，公民的身份证信息不仅涉及个人隐私，如果样本足够大，还会对社会和国家安全造成危害，因此其也是不能出版的。
- 数据标准规范。数据要符合数据出版行业的标准规范要求才能出版。一个可出版的数据集应该满足一定的规模、一定的格式、完整的内容、版权标识、访问标识等条件。出版的数据集一般规模比较大、类型比较多，为了便于数据使用者使用出版的数据集，需要对出版的数据集进行描述和说明。
- 数据质量优良。数据只有质量优良，才能保证是可用的。作为一个出版物，数据的质量必须是有保证的。只有数据的可信度、准确性、完整性、可理解性、可利用性、安全性等方面都达到了一定的标准和要求，才能进行出版。

- 数据具有可读性。数据出版是对数据所有权的宣示，必须要让公众看到出版的数据是什么。因此，数据可读也是数据出版的一个必要条件。不论何种格式的数据,都要有相应的通用型或专用型阅读器使得数据可被人或机器阅读。另外，只有可读的数据，才能被人或机器查询、阅读、编译、利用和二次开发，从而实现数据的价值。

此外，哪些数据需要出版呢？首先是按照规定或者政府要求必须公开的数据，包括政府数据、科学数据、公共数据等；其次是能够相对容易地从现实世界采集的数据；最后是数据拥有者自愿公开的数据。

- 必须公开的数据。根据国家法律法规要求必须公开的数据包括政务公开数据、科学数据、自然数据和社会数据等。这类数据出版有几个目的：一是宣示著作权或所有权；二是对数据质量的承诺；三是对数据真实性的承诺。
- 容易采集的数据。因为某些数据容易采集（如天气温度等），所以先采集的人需要将数据出版以宣示著作权或所有权。这类数据的出版将避免大量数据的重复采集、多头采集，减少政府和社会资源的浪费。
- 自愿公开的数据。数据拥有者自愿将数据公开给社会使用，数据公开的模式可以选择数据出版的形式。

10.5.3 数据出版方法

（1）数据出版的途径

黄国彬等[41]认为科学数据出版的模式有 4 种，Lawrence B 等[21]认为有 5 种，殷沈琴[42]认为 6 种：一是存储在机构知识库，并进行发布；二是在项目网站或者机构网站发布；三是提交到支持数字出版的期刊进行出版；四是提交到支持纸质出版的期刊进行出版；五是提交到云端的仓储库进行自出版；六是存储在高校专业的数据中心，并进行出版。

从数据出版的目的来看，笔者认为数据出版应该由第三方机构来出版，而这个机构需要获得国家版权部门或其他法律授权的部门的认可。就当前的情况来看，可以分为有通过出版机构进行数据出版和通过非出版机构进行数据出版两种基本途径。

① 通过出版机构进行数据出版。这种途径与传统的论文出版途径较相似，通过像杂志社这样具有出版资质的机构对数据进行出版。这种途径的数据出版形式比较多样，有作为传统论文附件进行的数据出版，也有采用数据论文出版的形式间接地将数据进行公开。

作为传统论文的附件进行数据出版：科研人员开展相关科学研究工作，除了形成论文这样的研究成果，也会产生有价值的科学研究数据，这些数据是论文本身的重要依据和延续，因此在发表论文的时候，作者会被要求同时上传对应的科研数据。

数据论文出版：科学研究进入“第四范式”时代，科研人员进行相关科学研究工作越来越依赖数据，也生产了大量数据，数据本身也成为科研的重要成果，成为科研人员专门研究和描述的对象。数据论文专门描述科学数据本身，对其内容、价值、功能等关键信息进行介绍，是一种新的学术出版物，具有一定的格式、结构规范和标准[43]。

② 通过非出版机构进行数据出版[44]。这种途径主要由高校、科研机构或相关学术组织等建立的数据存储机构进行。这些机构大多拥有雄厚的资金和技术实力，在数据存储、管理和监督方面拥有优势，但由于这些机构是研究机构而非出版机构，在出版专业性方面相对欠缺，对数据描述的规范化和标准化方面的要求也参差不齐。这种途径的数据出版形式主要以数据单独出版为主。根据存储对象的来源和类型的不同，数据存储机构可分为通用型数据存储机构和特定型数据存储机构两种类型。

通用型数据存储机构：其对存储的数据的来源和类型没有特定要求。有些高校的数据存储机构是对全球开放的，比如哈佛大学，它的数据存储机构就支持全球科研人员进行数据出版；有些数据存储库对数据的学科领域没有要求，如 figshare、Zenodo、Dryad 等，它们接受各学科领域数据的存储，并对各学科领域数据进行同行评议和开放。

特定型数据存储机构：其对存储的数据的来源和类型有特定要求的。有些高校的数据存储机构仅为特定科研人员开放，如普渡大学的数据存储机构就只支持隶属于普渡大学的科研人员或者参与普渡大学科研项目的科研人员的数据出版[43]；有些学科领域有公认或专设的数据存储库，如 Ecological Archives 数据存储库、中国地球系统科学数据共享平台、美国国家冰雪数据中心等。

（2）数据出版体系[36]

数据出版体系首先要建设数据出版法律法规。目前，我国与数据出版有关的法律法规有《著作权法》《网络安全法》《科学数据管理办法》《出版管理条例》《互联网信息服务管理办法》《互联网文化管理暂行规定》《互联网视听节目服务管理规定》《网络出版服务管理规定》《互联网新闻信息服务管理办法》等。

在数据出版相关法律法规的规定下，数据拥有者需要出版数据时，可以将数据提交给数据出版机构进行审核。数据出版机构根据法律法规及内部政策要求，对数据进行审核，数据出版内部政策一般包括数据合法合规性、数据存储机制、数据引用规范、元数据标准、数据质量要求、评审机制等几个方面。若数据未通过评审，出版机构会将数据及结果退回给数据拥有者；若数据通过评审，则由出版机构向数据权属登记机构对该数据进行登记，并申请数据版权标识符，获取数据市场流通通行证，正式出版发行。用户通过专门的数据阅读器读取出版的数据，根据数据引用规范进行操作，并接受数据使用监管。

- 评审机制：是对出版数据质量进行控制的重要一环。在评审过程中对数据的规范性、质量、真实性等进行衡量。
- 数据引用规范：与传统出版物类似，数据出版引用需要一定的规范标准，制定引用规范时需要考虑数据拥有者、数据名称、数据版本、出版机构、数据论文、唯一标识符分配、数据获取方式等因素。
- 元数据标准：元数据是描述出版数据的数据，是让使用者能快速了解出版数据的说明。元数据的规范化、标准化，对类型多样的出版数据有较广的意义。元数据标准需要对元数据内容的结构、格式、语义、语法等方面进行规范。
- 版权标识：通过考察各类书籍与科学数据出版的案例，可以认为如果要实现数据集的零售出版，那么建立标准化的标识体系和质量体系都是必要的。为了建立和维持标准化的标识体系和质量体系，必须要建立具备权威性的管理机构。

- 出版机构：数据出版社指为数据出版提供公开发行管理服务的机构，由于数据出版的对象是数据，数据出版社除了具备传统出版社的能力，还要拥有比较强大的数据存储和管理能力，包括存储数据库、平台系统等。
- 数据阅读器：通过专用设备或软件系统对出版的数据进行阅读。出版的数据往往规模较大，有时候人不一定能全部阅读，需要有专门的机读数据阅读器。机读数据阅读器实际上是一个软件开发环境，供使用者开发或上载数据应用程序，从而实现对数据的使用。
- 数据使用监管：对使用已出版的数据的合法合规性和安全性等方面进行监督管理，预防针对出版数据的使用侵权行为，规范出版数据的使用方法和方式，对侵权行为设立等级，各相关部门协同根据侵权等级给予及时惩处，从而提高出版数据使用的合法合规性和安全性。

数据出版对现有的科学数据出版进行了拓展。不论该数据是否是科学数据，只要符合相关数据出版法律法规的规定，并且数据拥有者希望对数据进行出版，就可以将数据提交给数据出版机构进行出版。这就把原有的科学数据出版的数据范围从科学数据拓宽到一般的数据。对于审核通过的数据，进行出版发布前，需要到专门的数据权属登记机构进行登记，申请数据版权标识符并获取数据市场流通通行证，这样就需要一个专门的机构对出版的数据进行监管，使得出版数据的市场环境更加良好和有序。出版的数据通过数据阅读器提供给数据使用者，使用方式更便捷、数据更规模化，在方法上对科学数据出版进行了拓宽。

10.6 小结

培育和构建数据要素市场，以市场的手段实现数据常态化流通，是一种可行的路径。数据开放、数据共享、数据交易和数据出版是当前实现数据流通的主要方式，是获取数据资源的主要途径。数据资源开放共享不仅是对政府透明化的要求，也是数据流通的一种方式，社会主体可以使用政府开放共享的数据进行经济活动。通过数据交易的方式可以比较容易地形成数据资产，以市场化的交易价格体现数据资产的价值。数据出版是一种数据确权方式，也是数据流通的一项实践活动，是对数据要素市场培育的有益探索。

参考文献

[1] 杨涛. 数据要素：领导干部公开课[M]. 北京：人民日报出版社, 2020.

[2] 李纪诊，钟宏，赵永新. 数据要素领导干部读本[M]. 北京：国家行政管理出版社, 2021.

[3] 于施洋，王建冬，郭巧敏. 我国构建数据新型要素市场体系面临的挑战与对策[J]. 电子政务, 2020(3): 2-12.

[4] AUER S , BIZER C, KOBILAROV G, et al. DBpedia: a nucleus for a Web of open data[C]//Proceedings of the 6th International Semantic Web and 2nd Asian Semantic Web Conference. Heidelberg: Springer, 2007: 722-735.

[5] 朱扬勇. 大数据资源[M]. 上海：上海科学技术出版社, 2018.

[6] 高丰. 开放数据：概念、现状与机遇[J]. 大数据, 2015, 1(2): 1-10.

[7] 王晶. 美国政府数据开放政策最新进展及启示[J]. 信息通信技术与政策, 2019(9): 35-38.

[8] 侯人华，徐少同. 美国政府开放数据的管理和利用分析[J]. 图书情报工作, 2011(4): 119-122, 142.

[9] 复旦大学数字与移动治理实验室. 中国地方政府数据开放报告(2019 下半年)[R]. 2019.

[10] YOZWIAK N L, SCHAFFNER S F, SABETI P C. Data sharing: make outbreak research open access[J]. Nature, 2015, 518(7540): 477-479.

[11] National Research Council, Division on Earth and Life Studies, Board on Atmospheric Sciences and Climate, et al. Earth observations from space: the first 50 years of scientific achievements[M]. Washington DC: The National Academies Press, 2008.

[12] 郭华东，王力哲，陈方，等. 科学大数据与数字地球[J]. 科学通报, 2014(12): 1047-1054.

[13] 陈传夫，李秋实. 数据开放获取使科学惠及更广——中国开放科学与科学数据开放获取的进展与前瞻[J]. 信息资源管理学报, 2020, 10(1): 4-13.

[14] OPEN ACCESS. Berlin declaration on open access to knowledge in the sciences and humanities[Z]. 2003.

[15] OECD. Science, technology and innovation for the 21st century[Z]. 2004.

[16] OECD. OECD principles and guidelines for access to research data from public funding[Z]. 2007.

[17] SWAN A. Policy guidelines for the development and promotion of open access[M]. Paris: UNESCO, 2012.

[18] National Academies of Sciences, Engineering, and Medicine. Open science by design: realizing a vision for 21st century research[R]. 2018.

[19] 李成赞, 张丽丽, 侯艳飞, 等. 科学大数据开放共享: 模式与机制[J]. 情报理论与实践, 2017, 40(11): 45-51.

[20] KLUMP J, BERTELMANN R, BRASE J, et al. Data publication in the open access initiative[J]. Data Science Journal, 2006, 5: 79-83.

[21] LAWRENCE B, JONES C, MATTHEWS B, et al. Citation and peer review of data: moving towards formal data publication[J]. International Journal of Digital Curation, 2011, 6(2): 4-37.

[22] 张晓青, 盛小平. 国外科学数据开放共享政策述评[J]. 图书馆论坛, 2018, 38(8): 147-154.

[23] 储节旺, 汪敏. 美国科学数据开放共享策略及对我国的启示[J]. 情报理论与实践, 2019, 42(8): 153-158

[24] 王瑞丹, 高孟绪, 石蕾, 等. 对大数据背景下科学数据开放共享的研究与思考[J]. 中国科技资源导刊, 2020, 52(1): 1-5, 26.

[25] 国家科技基础条件平台中心. 国家科学数据资源发展报告: 2018[M]. 北京: 科学技术文献出版社, 2019: 6.

[26] 黄如花, 周志峰. 近十五年来科学数据管理领域国际组织实践研究[J]. 国家图书馆学刊, 2016, 25(3): 15-27.

[27] 王融. 关于大数据交易核心法律问题——数据所有权的探讨[J]. 大数据, 2015, 1(2): 49-55.

[28] NIU C Y, ZHENG Z Z, TANG S J, et al. Making big money from small sensors: trading Time-Series data under pufferfish privacy[C]//Proceedings of the 2019 IEEE Conference on Computer Communications. Piscataway: IEEE Press, 2019: 568-576.

[29] BALAZINSKA M, HOWE B, SUCIU D. Data markets in the cloud: an opportunity for the database community[J]. Proceedings of the VLDB Endowment, 2011, 4(12): 1482-1485.

[30] OH H, PARK S, LEE G M, et al. Personal data trading scheme for data brokers in IoT data marketplaces[J]. IEEE Access, 2019, 7: 40120-40132.

[31] WANG RY, STRONG D M. Beyond accuracy: what data quality means to data consumers[J]. Journal of Management Information Systems, 1996, 12(4): 5-34.

[32] 王忠. 大数据时代个人数据交易许可机制研究[J]. 理论月刊, 2015(6): 131-135.

[33] 叶雅珍, 刘国华, 朱扬勇. 数据产品流通的两阶段授权模式[J]. 计算机科学, 2021, 48(1): 119-124.

[34] PENEV L, CHAVAN V, HAGEDORN G, et al. Pensoft data publishing policies and guidelines for biodiversity data[R]. 2011.

[35] ATTARD J, ORLANDI F, SCERRI S, et al. A systematic review of open government data

initiatives[J]. Government Information Quarterly, 2015, 32(4): 399-418.

[36] 吴娜达, 叶雅珍, 朱扬勇. 大数据时代的数据出版[J]. 编辑之友, 2020(11): 31-38.

[37] 朱扬勇, 叶雅珍. 从数据的属性看数据资产[J]. 大数据, 2018, 4(6): 65-76.

[38] 叶雅珍, 刘国华, 朱扬勇. 数据资产化框架初探[J]. 大数据, 2020, 6(3): 3-12.

[39] 涂志芳. 科学数据出版的基础问题综述与关键问题识别[J]. 图书馆, 2018(6): 86-92, 100.

[40] 朱扬勇. 旖旎数据[M]. 上海: 上海科学技术出版社, 2018.

[41] 黄国彬, 王舒, 屈亚杰. 科学数据出版模式比较研究[J]. 大学图书馆学报, 2018, 36(1): 34-40, 33.

[42] 殷沈琴. 面向数据出版的高校社会科学数据资源库的建设[J]. 科技与出版, 2019(4): 29-35.

[43] 何琳, 常颖聪. 国内外科学数据出版研究进展[J]. 图书情报工作, 2014, 58(5): 104-110.

[44] 张小强, 李欣. 数据出版理论与实践关键问题[J]. 中国科技期刊研究, 2015, 26(8): 813-821.